Brigitte Latzko
Werteerziehung in der Schule

Brigitte Latzko

Werteerziehung in der Schule
Regeln und Autorität im Schulalltag

Verlag Barbara Budrich, Opladen 2006

Gedruckt auf säurefreiem und alterungsbeständigem Papier.

Die Deutsche Bibliothek – CIP-Einheitsaufnahme
Ein Titeldatensatz für die Publikation ist bei Der Deutschen Bibliothek erhältlich.

Alle Rechte vorbehalten.
© 2006 Verlag Barbara Budrich, Opladen
www.budrich-verlag.de

ISBN 10: 3-938094-35-4
ISBN 13: 978-3-938094-35-8

Das Werk einschließlich aller seiner Teile ist urheberrechtlich geschützt. Jede Verwertung außerhalb der engen Grenzen des Urheberrechtsgesetzes ist ohne Zustimmung des Verlages unzulässig und strafbar. Das gilt insbesondere für Vervielfältigungen, Übersetzungen, Mikroverfilmungen und die Einspeicherung und Verarbeitung in elektronischen Systemen.

Umschlaggestaltung: disegno visuelle kommunikation, Wuppertal – www.disenjo.de
Satz: Susanne Rosenkranz, Opladen
Druck: DruckPartner Rübelmann, Hemsbach
Printed in Germany

Inhalt

Vorwort 7

1. Einleitung
   – Was kann dieses Buch leisten? 9

2. Theoretische Grundlagen
   – Was können psychologische Theorien beitragen? 13
2.1 Erziehungsziele und Erziehungsstile 13
2.2 Ausgewählte Theorien zur
    Moral- bzw. Regelentwicklung 18
2.3 Lernpsychologische Annahmen 40

3. Empirische Untersuchungen. Soziale Regeln
   – und wie sieht es damit in den Schulen aus? 47
3.1 Soziale Regeln und Lehrerautorität
    – die Sicht der Schülerinnen und Schüler 48
3.2 Soziale Regeln und Lehrerautorität
    – die Sicht der Lehrerinnen und Lehrer 65
3.3 Implikationen für den Umgang mit sozialen Regeln ... 69

4. Schlussfolgerungen für den Schulalltag
   – Was können wir konkret machen? 71

Literatur 77

Anhang

Anhang 1: Auszüge aus den Standards für die Lehrerbildung:
Bildungswissenschaften 85

Anhang 2: Die Geschichten von den zerbrochenen Tassen
nach Piaget 86

Anhang 3: Das Heinz-Dilemma nach Kohlberg 87

Anhang 4: Entwicklungsabfolge in den Domänen Konvention
und Persönliche Angelegenheit 88

Anhang 5: Begründungsbeispiele zur Akzeptanz von
Autoritätspersonen durch Jugendliche 90

Anhang 6: Beurteilung des Regelübertritts
„die Lehrkraft belügen" durch Lehrkräfte 93

Anhang 7: Protokollbogen zur Beobachtung von
Überschreitungssituationen im Alltag 96

Anhang 8: Auszüge aus den Beobachtungsprotokollen
von Lehrkräften der Grundschule 98

Vorwort

Das vorliegende Buch ist in enger Zusammenarbeit mit Lehrerinnen und Lehrern, Schülerinnen und Schülern, Eltern und Lehramtsstudierenden entstanden, die an empirischen Erhebungen und kritischen Diskussionen teilgenommen haben. Ihnen sei an dieser Stelle gedankt.

Die PISA Ergebnisse sowie aktuelle tagespolitische Meldungen, die den Werteverlust unter der Schülerschaft und den damit einhergehenden Autoritätsverlust der Lehrkräfte thematisieren, verunsichern unsere Gesellschaft und lassen die Frage nach der Erziehungsfunktion von Schule besonders aktuell erscheinen. Das Land Berlin beispielsweise bietet in dieser bildungspolitischen Debatte die Einführung eines Werteunterrichts als mögliche Lösung an.

Vor dem Hintergrund dieser Diskussion untersucht das vorliegende Buch Möglichkeiten der Wertevermittlung an unseren Schulen und verdeutlicht, wie eng die Frage nach dem Umgang mit Regeln und der damit einhergehenden Lehrerautorität mit Werteerziehung verknüpft ist. Im Zuge einer pädagogisch-psychologischen Perspektive sollen theoretisch fundierte Hilfestellungen aufgezeigt werden. Dazu ist es erforderlich, relevante Lern- und Vermittlungsprozesse und die entsprechenden Einflussdeterminanten zu kennen. Insgesamt sollen Lehrkräfte für ihre Möglichkeiten sensibilisiert werden, die sie über die Grenzen eines spezifischen Faches hinaus haben: Werterziehung vollzieht sich in jeglicher zwischenmenschlicher Interaktion.

In diesem Sinne wünsche ich allen Lehrkräften und Schülerinnen und Schülern einen respektvollen Umgang miteinander.

September 2005
Brigitte Latzko

1. Einleitung
– Was kann dieses Buch leisten?

Neben dem Unterrichten verwenden Lehrer einen Großteil ihrer Zeit auf Fragen der Autorität und Disziplin. Regeln auszuhandeln, anzuordnen und für deren Einhaltung zu sorgen, sind Bestandteile ihres Arbeitsalltags. Erkennen Schüler die Autorität ihrer Lehrkräfte in diesen Bereichen an, ist die Grundlage einer disziplinierten Klasse geschaffen, was sich wiederum positiv auf die Wissensvermittlung auswirkt.

Der Umgang mit sozialen Regeln kann aber auch unter der Perspektive der Erziehungsfunktion von Schule betrachtet werden. Inwieweit sind Lehrer als direkte Vertreter der Institution Schule für die Vermittlung von sozialen Regeln und damit für die Wertevermittlung im weitesten Sinne zuständig? In der öffentlichen Diskussion wird immer wieder gefordert, dass die Schule vor dem Hintergrund sich wandelnder Familienstrukturen neben der Bildungsverstärkt Erziehungsfunktionen übernehmen solle. Entsprechend formuliert die Kultusministerkonferenz in ihren Standards für die Lehrerbildung, dass kompetente Lehrer Werte und Normen vermitteln und selbstbestimmtes Urteilen und Handeln von Schülern unterstützen. Dabei sollen sie sich stets der engen Verknüpfung ihrer Erziehungsaufgabe mit Unterricht und dem Schulleben bewusst sein (Beschluss der Kultusministerkonferenz von 16.12.2004; für den genauen Wortlaut siehe Anhang 1).

Diesem Anspruch auf gesellschaftlicher und administrativer Ebene steht jedoch eine Vielzahl von Lehrkräften gegenüber, die sich weder durch die Lehramtsausbildung noch durch berufsbegleitende Maßnahmen ausreichend auf dieses Aufgabenfeld vorbereitet fühlen. Im Gegenteil, in Gruppendiskussionen äußern sich Lehrkräfte besorgt darüber, ob sie alles richtig machen.

In der einschlägigen Literatur finden sich Handlungsanweisungen und Trainingsprogramme zu Disziplinierungsmaßnahmen oder Erziehungsschwierigkeiten. Häufig beklagen Lehrer deren fehlende theoretische Fundierung oder stellen die Integration komplexer Bausteine in den Schulalltag in Frage. Die Implementierung neu erworbenen theoretischen Wissens in die Handlungspraxis scheitert oft an der unzureichenden Instruktion oder mangelnden Unterstützung bei der praktischen Umsetzung.

Diese Lücke zwischen Theorie und Praxisvermittlung versucht vorliegendes Buch zu schließen. Unter Rückgriff auf ausgewählte psychologische Ansätze und Ergebnisse eigener empirischer Studien werden Fragen nach dem Umgang mit sozialen Regeln und der damit in Verbindung stehenden Autorität von Lehrern erörtert. Gleichzeitig wird das übergeordnete Anliegen, die Werteerziehung an Schulen, durch diese Fragen stets angesprochen. Die Art und Weise wie eine Lehrkraft beispielsweise reagiert, wenn Schüler zu spät zum Unterricht kommen, tangiert automatisch den Stellenwert von Pünktlichkeit. Die Aspekte „Umgang mit Regeln bzw. Regelverletzungen", „Wertevermittlung" und „die Autorität der Lehrperson", die für die Einhaltung von Regeln Sorge trägt, bilden letztlich eine eng verwobene Einheit.

Einführend werden grundlegende Annahmen der Erziehungsstilforschung aufgezeigt, um danach Prozesse der „Regelentwicklung"[1] und deren Einflussvariablen zu spezifizieren. Ergänzend dazu werden die in diesem Zusammenhang relevanten lerntheoretischen Mechanismen vorgestellt. Die theoretischen Grundlagen schließen mit einer Zusammenfassung der Annahmen, die für Förderung der Regelentwicklung durch Lehrer bedeutsam sind.

---

1   Im Folgenden wird der Begriff Regelentwicklung der sprachlichen Einfachheit wegen verwendet. Darunter ist jedoch stets die Entwicklung der Beurteilung sozialer Regeln auf der kognitiven, emotionalen und Handlungsebene gemeint.

Im dritten Kapitel wird eine Reihe von Untersuchungen präsentiert, die Einzelaspekte der Beurteilung von Regelübertritten und der Autorität von Lehrkräften durch Schüler und Lehrer zum Gegenstand haben. Anhand von Befragungen und Beobachtungen wird beispielsweise geprüft, wie Schüler einen moralischen Regelübertritt gegenüber Lehrern beurteilen. Akzeptieren Schüler Lehrer als regelsetzende Autorität? Wie erleben Schüler Lehrer in Überschreitungssituationen? Wie reagieren Lehrer auf Regelübertritte? Eine zusammenfassende Interpretation der empirischen Befunde hinsichtlich der Rolle, die Lehrkräften beim Umgang mit sozialen Regeln zukommt, bildet den Abschluss.

Das vierte Kapitel integriert die theoretischen und empirischen Implikationen zu konkreten Handlungsanweisungen für den Schulalltag. Es soll aufgezeigt werden, inwieweit Lehrkräfte „ohne großen Aufwand" die Regelentwicklung ihrer Schüler positiv beeinflussen und dadurch nicht nur dem geforderten Erziehungsauftrag nachkommen, sondern einen konfliktarmen Schulalltag mitgestalten können.

Dabei konzentriert sich der Inhalt dieses Buches auf ausgewählte Aspekte, die vorrangig für Lehrer relevant sind. Interessierten Lesern gibt das aufgeschlagene Buch weiterführende Literaturhinweise.

Die zentralen Kernaussagen jedes Kapitels werden abschließend von Lehrer Lämpel zusammengefasst.

2. Theoretische Grundlagen – Was können psychologische Theorien beitragen?

Das folgende Kapitel zeigt auf, welchen Beitrag entwicklungspsychologische und pädagogisch-psychologische Erkenntnisse zur Klärung der Frage nach dem Umgang mit sozialen Regeln liefern können. Zu Beginn soll in Grundlagen der Erziehungsstilforschung eingeführt werden. Daran anknüpfend werden zentrale Theorien und Ansätze zur Regel- und Moralentwicklung und deren Förderung durch Erziehungsprozesse dargestellt. Abschließend werden lerntheoretische Annahmen präsentiert, die elementare Prozesse beim Erwerb von Regelwissen und Regelhandeln erklären können.

2.1 Erziehungsziele und Erziehungsstile

Erziehung wird gemeinhin als zielgerichtete und bewusste Einflussnahme auf das Handeln von Menschen definiert. Dabei ist Einflussnahme durchaus nicht eindimensional zu verstehen. Betont man den Interaktionsaspekt, sind darunter alle Erfahrungsmöglichkeiten zu fassen, die bereitgestellt werden, um Entwicklungs- und Lernprozesse zu fördern. Nach wie vor zählen die Familie und die Schule zu den bedeutsamsten Erziehungskontexten. Hier sind es in erster Linie die Eltern und Lehrkräfte, die als direkte Vermittler auf die Entwicklung der Kinder und Jugendlichen einwirken.

In der Praxis erfolgt Erziehung jedoch oftmals beiläufig. Intuitive Theorien über die Wirkung verschiedener Erziehungsmaßnahmen scheinen eher handlungsleitend zu sein als profundes Wissen.

Ebenso selten findet in Familien oder in Schulen ein bewusster Austausch über die angestrebten Erziehungsziele statt. Zielgerichtetes Handeln ohne Ziele ist jedoch per Definition unmöglich. An erster Stelle im Erziehungsprozess sollte demnach die bewusste Reflexion und Formulierung von Erziehungszielen stehen.

Die Umsetzung von Erziehungszielen erfolgt in der konkreten Interaktion zwischen Eltern und Kindern oder Lehrern und Schülern. Die Frage nach der Wirkung unterschiedlicher Erziehungsmaßnahmen wird im Rahmen der Erziehungsstilforschung behandelt. Erziehungsstile bezeichnen nach Krohne (1988) interindividuell variable, aber intraindividuell vergleichsweise stabile Verhaltenstendenzen von Erziehern, in erziehungsthematischen Situationen auf Verhaltensweisen von Kindern zu reagieren. Erziehungsstile sind demnach Muster von Erziehungsmaßnahmen, die für Einzelne jeweils typisch sind. Die Erziehungsstilforschung ist unweigerlich mit dem Namen Diana Baumrind verknüpft. Die meisten in der Literatur beschriebenen und entsprechend bekannten Erziehungsstile lassen sich auf ihre Typologie zurückführen: die autoritative, die autoritäre und die permissive Erziehung (Baumrind, 1971). Tabelle 1 beschreibt ihre Klassifikation in einzelnen Dimensionen.

Baumrind konnte als eine der ersten zeigen, dass die Art und Weise der elterlichen Erziehung einen Einfluss auf die Entwicklung der Kinder in unterschiedlichen Kompetenzbereichen hat. Eine Vielzahl von Studien hat übereinstimmend die Überlegenheit des autoritativen Erziehungsstils für unseren Kulturkreis belegt (Baumrind, 1991, 1993; Steinberg et al. 1991, 1992, 1994). Unabhängig von ethnischen, sozialen und familiären Bedingungen führt er zu vergleichsweise besseren Schulleistungen, höherem Selbstvertrauen, stärker ausgeprägtem Sozialverhalten und weniger Verhaltens- und Drogenproblemen. Demgegenüber zeigen die autoritär oder permissiv erzogenen Jugendlichen auch negative Merkmale. Besonders interessant für die Schule ist der Befund, dass autoritär erzogene Kinder und Jugendliche objektiv gesehen gute

Schüler sind, jedoch ein geringes Selbstvertrauen haben und ihre schulischen Leistungen unterschätzen. Nachgiebig erzogene sind dagegen relativ desinteressiert an der Schule, was sich in schlechten Zensuren und Disziplinproblemen niederschlägt.

Tabelle 1: Beschreibung der Erziehungsstilklassifikation nach Baumrind

Autoritativ	Autoritär	Permissiv
– Anforderungen werden gestellt – Einhaltung von Regeln wird gefordert – Anforderungen und Regeln werden erklärt und begründet – Verhaltenskontrolle – Kinder werden ernst genommen, als Gesprächspartner akzeptiert – Autonomie wird gefördert	– Anforderungen werden gestellt – Einhaltung von Regeln wird gefordert – Anforderungen und Regeln werden nicht erklärt. Strikter Gehorsam als oberstes Gebot – Psychologische Kontrolle – Neigung, massiv und physisch zu strafen – Geringes Interesse an Motiv/Absicht des Kindes	– Wenig bis keine Anforderungen werden gestellt – Kind darf Verhalten selbst steuern – Wenig Kontrolle und Lenkung, Bestrafung wird z.B. vermieden

Der positive Effekt des autoritativen Erziehungsstils lässt sich auf die gefundene Balance zwischen elterlicher Kontrolle und kindlicher Entscheidungsfreiheit zurückführen. Einerseits wird die Regeleinhaltung konsequent verfolgt. Dabei eröffnen Begründungen und Erklärungen den Kindern und Jugendlichen die Möglichkeit, die Notwendigkeit der Beachtung von Regeln zu begreifen. Andererseits werden auch die Kinder und Jugendlichen mit ihren Bedürfnissen und Vorstellungen in die Familienkommunikation einbezogen. Sie werden bei der Entwicklung von Fertigkeiten unterstützt. Diese Faktoren bewirken den Aufbau der erlebten Selbstwirksamkeit und des Selbstvertrauens und resultieren in einer positiven Haltung dem Lernen und der Schule gegenüber. Insgesamt wird der Prozess der Internalisierung von Werten angeregt, der durch die reflexive Auseinandersetzung mit unterschiedlichen Positionen gekennzeichnet ist.

Obgleich die bislang referierten Konzepte und Befunde vorrangig den familiären Erziehungskontext fokussieren, lassen sich für die Lehrer-Schüler-Interaktion analoge Effekte vermuten, die auch empirisch bestätigt werden. Wentzel (2002) konnte nachweisen, dass sich das Lehrerverhalten auf der Grundlage der Erziehungsstiltypologie nach Baumrind (1971) klassifizieren lässt und die gleiche Wirkung erzielt: Sozial kompetente und leistungsstarke Schüler gehen mit Lehrkräften einher, die hohe Anforderungen stellen, in den Augen der Schüler gerecht sind, sie unterstützen und das Aufstellen von Regeln begründen. Negative Rückmeldung von Lehrkräften im Sinne von Demütigung und wenig Unterstützung zeigen gegenläufige Effekte bei den Schülern. Demnach hat sich ein Lehrer-Schüler-Umgang, der im Kern der autoritativen Erziehung entspricht, als wirkungsvoll herausgestellt, wenn man das Ziel kompetenter Schüler vor Augen hat.

Die Erziehungspsychologie weist darüber hinaus auf die Bedeutung der Beziehung von Elternhaus und Schule hin und beklagt den Zustand, dass das Zusammenwirken von Eltern und Lehrer als Erziehungspartner bislang wenig Beachtung in der Forschung gefunden hat. Erste Befragungen mit Lehrkräften und Beobachtungen aus dem Schulalltag zeigen, dass Lehrer eine Kooperation mit Eltern als unterstützend erleben und sich diese Kooperation positiv auf das Klassenklima und letztendlich auf Lerneffekte der Schüler auswirkt (Fuhrer, 2005).

Nachdem aufgezeigt wurde, dass Lehrkräfte durchaus positiv auf die Entwicklung ihrer Schüler einwirken können, ist es umso erstaunlicher, dass Lehramtsstudierende angeben, sich nicht für die Erziehung ihrer Schüler verantwortlich zu fühlen. Das Ergebnis von schriftlichen Befragungen, die ich seit 1996 einmal jährlich mit ca. 80 Lehramtsstudierenden kurz vor dem Examen durchführe, zeigt, dass alle übereinstimmend die Vermittlung von Fachwissen als wichtigste Aufgabe in ihrem späteren Beruf deklarieren.

Dagegen nennen lediglich 20% bis 40% der jeweiligen Kohorte Erziehung. Differenziert man diesen Befund hinsichtlich der unterschiedlichen Schultypen, fällt auf, dass angehende Gymnasiallehrer den Erziehungsauftrag mit der Begründung ablehnen, dass dies in den Zuständigkeitsbereich der Grundschule fällt und allenfalls noch für Haupt-, Real- bzw. Mittelschullehrer in Frage kommt, „naja bis zur fünften Klasse muss das schon gelaufen sein."

Vor dem Hintergrund der in diesem Kapitel ausgeführten theoretischen Annahmen und empirischen Befunde lässt sich für den Umgang mit Regeln in der Praxis ableiten, dass die Reflexion des eigenen Erziehungsauftrages und der damit verbundenen persönlichen Erziehungsziele hilfreich sein können, die passenden Erziehungsmaßnahmen mit Blick auf das Erreichen der formulierten Ziele auszuwählen. Dabei gilt es zu bedenken, dass sich der autoritative Erziehungsstil mit Blick auf eine optimale Entwicklung der Kinder und Jugendlichen als überlegen erwiesen hat. Die kritische Auseinandersetzung mit seinen persönlichen Werten und Zielen bildet demnach den Anfang jeglicher Werteerziehung und Wertevermittlung.

- Bewusste Reflexion des Erziehungsauftrages, der entsprechenden Erziehungsziele und Erziehungsmaßnahmen

- Wissen um die Effektivität des autoritativen Erziehungsstils

Fuhrer, U. (2005). Lehrbuch Erziehungspsychologie. Bern: Hans Huber.
Hoppe-Graff, S. (1999). Erziehungsstile und Erziehungsprozesse: Eine Einführung in ausgewählte Teilbereiche der Pädagogischen Psychologie. In P.G. Zimbardo & R.J. Gerrig (Hrsg.), Psychologie (7., neu übers. und bearb. Aufl.) (S. 683-718). Berlin: Springer.
Krohne, H.W. (1988). Erziehungsstilforschung: Neuere theoretische Ansätze und empirische Befunde. Zeitschrift für Pädagogische Psychologie, 2, 157-172.
Tausch R. & Tausch A.-M. (1998/1963). Erziehungspsychologie. Begegnungen von Person zu Person (11., korrigierte Auflage). Göttingen: Hogrefe.

Wentzel, K.R. (2002). Are effective teachers like good parents? Teaching styles and student adjustment in early adolescence. Child Development, 73, 287-301.

2.2 Ausgewählte Theorien zur Moral- bzw. Regelentwicklung

Die entwicklungspsychologische Forschung hat keine Theorie hervorgebracht, die explizit Werteerziehung zum Gegenstand hat. Die Theorien zur Moralentwicklung machen jedoch durchaus Aussagen darüber, wie eine Wertevermittlung in Schulen aussehen kann. Im Gegensatz zur Moralphilosophie macht die Entwicklungspsychologie keine inhaltlichen Vorgaben. Ihre Aufgabe liegt vielmehr darin, die entwicklungsbedingten Veränderungen des Regelwissens, Urteilens, Handelns und der damit verbundenen Gefühle zu beschreiben und zu erklären. Unabhängig davon, welche Komponente der Moralentwicklung fokussiert wird, sind sich alle Ansätze darin einig, dass das Entwicklungsziel in der Internalisierung von Normen und Werten liegt. Internalisierung meint die Akzeptanz und Einhaltung aufgrund von verinnerlichter Überzeugung. Normen und Werte werden dadurch Teil des persönlichen Sinnsystems und somit Teil des Selbst, wodurch sich die Konsistenz von Urteilen und Handeln im Entwicklungsverlauf erklären lässt. Mit der zunehmenden Fähigkeit, komplexe moralische Urteile zu fällen, steigt die Wahrscheinlichkeit, dass Urteilen und Verhalten einhergehen. Der Ausbildung moralischer Gefühle kommt dabei eine vermittelnde Rolle zu. Mit Blick auf die nachfolgend referierten Theorien, die den Schwerpunkt auf die Entwicklung moralischen Urteilens legen, ist es wichtig, sich an dieser Stelle den Zusammenhang zwischen der kognitiven, affektiven und Verhaltenskomponente der Moral zu vergegenwärtigen (zur differenzierten Auseinandersetzung über Art und Enge der Zusammenhangs siehe Blasi, 1980; ^^^; Montada, 2002; Trautner, 1997). Die Darstellung erhebt nicht den Anspruch der Vollständigkeit, sondern möchte die Theorien von Piaget (1954/1983a), Kohlberg (1984; 1996) und Turiel (1983) lediglich in ihren Gründzügen skizzieren. Der Schwerpunkt liegt dabei auf dem Ansatz von Turiel, denn er bildet die theoretische Basis für die empirischen Arbeiten, die in Kapitel drei beschrieben werden. Anschließend werden die einzelnen Ansätze in ihrer Gesamtheit diskutiert und im Hinblick darauf bewertet, welche Implikationen sich für das Handlungsfeld Schule ableiten lassen.

Piaget: Vom heteronomen zum autonomen Regelbewusstsein

Im Bereich der Entwicklung der Regelbeurteilung und des Regelhandelns leistete Piaget Pionierarbeit und beschäftigte sich somit als einer der ersten mit der Veränderung von Autoritätsbeziehungen bei Heranwachsenden. Einerseits beobachtete er Kinder beim Spiel und befragte sie zu Herkunft, Veränderbarkeit und Rechtfertigung der entsprechenden Spielregeln. Andererseits analysierte er das Verständnis explizit moralischer Konzepte wie beispielsweise das Stehlen oder Lügen. Dazu setze er Erzählungen[1] ein, die Regelübertritte und den Gehorsam gegenüber Autoritätspersonen thematisieren. Anschließend bat er die Kinder, die Handlungen hinsichtlich unterschiedlicher Dimensionen (Gut und Böse, gerechte Bestrafung) zu bewerten und ihr Urteil zu begründen.

Aus diesen Studien leitete Piaget zwei Typen des Regelbewusstseins ab, die er in zwei Moraltypen überführte: Das heteronome und das autonome Regelverständnis bzw. die heteronome und autonome Moral. Im *heteronomen Stadium* werden Regeln als unantastbar und heilig angesehen. Sie verdanken ihren Ursprung den Erwachsenen. Kinder in diesem Stadium beurteilen beispielsweise eine Lüge als schlimm, weil sie von den Eltern bestraft wird.

---

[1] Ein Beispiel für die von Piaget (1983a) verwendeten Geschichten findet sich im Anhang 2.

Lügen wäre in ihren Augen aber durchaus erlaubt, wenn es keine Strafe zur Folge hätte. Es wird deutlich, dass Regeln durch Autoritäten gesetzt werden, die gleichsam befugt sind, Regelverletzungen zu bestrafen. Dadurch erhalten Regeln eine absolute Geltung, die im Zwang und unbedingten Gehorsam gegenüber den Autoritätspersonen begründet ist. Die Beziehung zwischen Kind und Autoritätsperson ist durch Asymmetrie gekennzeichnet, weshalb dieses Stadium in der Literatur auch als einseitige Achtung oder Zwangsregel bezeichnet wird.

Etwa vom neunten bis elften Lebensjahr stellte Piaget eine qualitative Veränderung der Begründungen fest: Mit zunehmendem Alter wird das Lügen per se als schlimm verurteilt – auch ohne Strafe als Konsequenz. Die Heranwachsenden lehnen das Lügen ab, weil sie dem Vertrauen und der gegenseitigen Zuneigung zuwiderläuft. Entsprechend sind Kinder bis ca. zehn Jahren der Meinung, dass es schlimmer ist, Erwachsene als Gleichaltrige zu belügen. Im Laufe der Entwicklung aber wird die Lüge gegenüber den Kameraden als ebenso verwerflich eingestuft. Dieses Beispiel veranschaulicht den Übergang in das Stadium des *autonomen Regelverständnisses*. Regeln werden als gegenseitige Übereinkunft betrachtet, zu deren Beachtung man verpflichtet ist, solange die Übereinkunft gilt, die im Einverständnis mit anderen geändert werden kann. Die Beziehung des Zwangs und unbedingten Gehorsams ist abgelöst durch die Beziehung der Zusammenarbeit, die sich in der gegenseitigen Achtung vor der Regel, im Respektieren der gemeinsam geteilten Verpflichtung, zeigt. Die entsprechende Autoritätsrelation beginnt sich langsam in eine symmetrische zu transformieren. Bei der Beurteilung, was richtig und was falsch ist, orientieren sich die Personen – in Auseinandersetzung mit anderen – an inneren Wertmaßstäben. Autonomie und Gegenseitigkeit charakterisieren dieses Stadium der kooperativen oder autonomen Moral.

Piagets Theorie beschreibt moralische Entwicklung als Veränderung der heteronomen in eine autonome Moral. Das Vor- und

Grundschulkind wird von einer autoritätsbestimmten Moral geleitet, während sich gegen Ende des Grundschulalters eine selbstbestimmte, von Autoritätspersonen unabhängige Moral herauszubilden beginnt. Der Kern der moralischen Autonomie und damit das formulierte Entwicklungsziel liegen in der Einsicht in den Sinn von Normen für das Leben in der Gemeinschaft. Wie aber erklärt er diese Entwicklung? Welche Prozesse und Mechanismen sind für die beschriebene Veränderung ausschlaggebend? Da das Regelverständnis die Tätigkeit zunehmenden komplexen Denkens erfordert, sieht Piaget in der fortschreitenden kognitiven Entwicklung (vgl. Piaget, 1983b/1932) eine wichtige voraussetzende Bedingung für moralische Entwicklung – jedoch keine hinreichende. Der entscheidende Anstoß ist in der Auseinandersetzung mit der sozialen Umwelt begründet. Dabei nimmt die Erfahrung innerhalb der Gleichaltrigengruppe eine zentrale Stellung für die Ausbildung der autonomen Moral ein. Im heteronomen Stadium ist die Beachtung von Regeln noch in der Autorität der Eltern, im Respekt und der Liebe gegenüber diesen begründet. In der Gleichaltrigengruppe kann jedoch die Erfahrung von symmetrischen Beziehungen gemacht werden, im Rahmen derer die Geltung von Regeln unabhängig von Autoritäten erlebt werden kann. Die einseitige Achtung gegenüber den Autoritätspersonen beginnt sich in eine Achtung gegenüber den Personen der Gruppe zu verändern. Die Gruppe bietet einen Erfahrungsraum für Zusammenarbeit und gegenseitiges Vertrauen. „Mit dem Alter ändert sich das Wesen der Achtung. In dem Maße, wie Individuen als gleiche ihre Beschlüsse fassen, wird der Druck, den sie aufeinander ausüben, gegenseitig" (Piaget, 1973, S. 117). Vor dem Hintergrund der ausschlaggebenden Rolle, die Piaget der Gleichaltrigengruppe im Zuge der Entwicklung der autonomen Moral zuspricht, „wird die Schule zur notwendigen Übergangsstätte" (Piaget, 1954, S. 418) von der heteronomen zur autonomen Moral. Moralische Entwicklung als das Ergebnis interpersonaler Interaktionen, macht es erforderlich, Individuen aktiv an Entscheidungs- und Problemlöseprozessen zu beteiligen. Vornehmlich in der Schule treffen Gleichaltrige aufeinander, weshalb ihr die Aufgabe zukommt, Möglichkeiten gemeinsamer Konfliktlösungen und somit persönliche Erfahrungsräume zu schaffen, anstelle der „bloßen" verbalen Vermittlung von Normen und Werten.

Kohlberg: Gerechtigkeitsmoral

In Anknüpfung an die Stadien der heteronomen und autonomen Moral nach Piaget differenziert Kohlberg 1958 im Rahmen seiner Dissertation diese beiden Pole der Entwicklung moralischen Urteilens weiter aus. Im Gegensatz zu Piaget geht Kohlberg jedoch nicht die Frage an, wie gut oder schlecht eine Person in einer bestimmten Situation gehandelt hat, sondern wie Personen sich verhalten sollten; an welche Rechte und Verpflichtungen sie gebunden sind. Demnach definiert Kohlberg (1984; 1996) den Gegenstandsbereich des moralischen Urteilens als die präskriptiven Aussagen darüber, was moralisch richtig oder verpflichtend ist. Der Kern der Moral wird in der Tradition rationalistischer Moralphilosophen (Kant, 1902; Rawls, 1994/1971) in der Orientierung an Prinzipen der sozialen Gerechtigkeit gesehen und nicht in der Übernahme gesellschaftlich vorgegebener Normen.

In Anlehnung an die Methode des klinischen Interviews von Piaget untersuchte er die Begründungsstruktur moralischer Urteile mit Hilfe des Moral Judgment Interview (MJI). Jungen im Alter 10 bis 16 Jahren wurden Geschichten mit moralischen Entscheidungskonflikten vorgegeben, in denen jeweils zwei moralische Normen miteinander konkurrieren. Das bekannteste ist das so genannte „Heinz-Dilemma[2]", in dem der Protagonist, Heinz, einem Konflikt zwischen dem Recht auf Leben und dem Recht auf Eigentum ausgesetzt ist. Im Anschluss an die Erzählung wurden die Versuchspersonen befragt, wie Heinz ihrer Meinung nach handeln sollte. Zudem wurden sie gebeten, ihr Urteil zu begründen. Die Art und

---

2 Das Heinz-Dilemma wird im Anhang 3 vorgestellt.

Weise dieser Begründungen war bei der Auswertung des Interviewmaterials von Interesse – nicht die inhaltliche Ausrichtung der Entscheidung. Kohlberg konzentrierte sich bei der Analyse des Datenmaterials auf die kognitive Struktur, die dem jeweiligen Urteil zugrunde liegt. Im Ergebnis beschreibt er ein Modell der Moralentwicklung als Abfolge von drei Entwicklungsniveaus mit jeweils zwei Entwicklungsstufen. Tabelle 2 gibt einen Überblick über den postulierten Entwicklungsverlauf des moralischen Urteils und seiner zentralen Komponenten.

Tabelle 2: Kohlbergs Stufenmodell der Moralentwicklung

Niveau	Stufe	Orientierung	Gerechtigkeitskonzept	Sozialmoralische Perspektive
Präkonventionell (Unter 9 Jahren)[a]	Stufe 1: Heteronome Moral	an Strafe und Gehorsam, an Autoritäten	Gerecht ist jene Handlung, für die ich belohnt werde	**Egozentrische Perspektive** Standpunkt und Interessen anderer werden auf dieser Stufe nicht bedacht, es wird nicht erwogen, dass sie voneinander abweichen können; Unfähigkeit, zwei Standpunkte in Beziehung zu setzen.
	Stufe 2: Individualistische, instrumentelle Moral	Instrumentell-relativistische Orientierung	Gerechtigkeit meint, dass ich jetzt etwas für dich tue, wenn du später auch etwas für mich machst	**Konkret individualistische Perspektive** Gewahr werden, dass jeder eigene Interessen verfolgt und Standpunkte konfligieren können

Niveau	Stufe	Orientierung	Gerechtigkeitskonzept	Sozialmoralische Perspektive
Konventionell (Jugendliche und Erwachsene)[a]	Stufe 3: Interpersonal, normative Moral	an Rollen und interpersoneller Konformität. „Guter Junge" „Gutes Mädchen"	Gerecht sind jene Handlungen, die in meiner Gruppe gutgeheißen werden	**Perspektive des Individuums in Relation zu anderen Individuen** Hier wird verstanden, dass Gefühle und Erwartungen von Individuen geteilt werden, den geteilten Interessen wird Vorrang eingeräumt, unterschiedliche Standpunkte werden in Beziehung gesetzt und Erwartungen anderer antizipiert
	Stufe 4: Sozialsystemorientierte Moral	an Recht und Ordnung	All jene Handlungen sind gerecht, die den vereinbarten Regeln der Gesellschaft folgen	**Gesellschaftsbezogene Perspektive** Übernahme des Standpunktes eines sozialen Systems, das Regeln und Rollen definiert; individuelle Beziehungen werden anhand ihres Stellenwertes im sozialen System beurteilt

Niveau	Stufe	Orientierung	Gerechtigkeitskonzept	Sozialmoralische Perspektive
Post-konventionell (Wenige Erwachsene normalerweise erst über 20-25 Jahren)[a]	Stufe 5: Moral der Menschenrechte und der sozialen Wohlfahrt	am „Staatsvertrag" und an Regeln gesellschaftlicher Konsensfindung	Gerechtigkeit meint, dass Menschen ihre fundamentalen Rechte wahrnehmen können	**Perspektive des der Gesellschaft vorgeordneten Individuums** Perspektive des rationalen Individuums, das individuelle Werte den sozialen Bindungen und Verträgen überordnet, unterschiedliche Standpunkte werden durch formale Operationen der Übereinstimmung und Konsensbildung integriert
	Stufe 6: Moral der allgemein ethischen Prinzipien	an universalistischen allgemeinverbindlichen, ethischen Prinzipien	Ideale Rollenübernahme	**Perspektive des moralischen Standpunkts** Soziale Urteile werden auf universalistische Prinzipien gegründet und jedem Individuum Selbstzweck zugestanden

Anmerkungen. Quelle: nach Colby und Kohlberg 1987, S. 18; nach Kohlberg, 1996, S. 51.
a. Altersangaben spiegeln empirisch gefundene Verteilungen wider.

Tabelle 2 verdeutlicht, dass sich die moralische Entwicklung nach Kohlberg in der Veränderung der Struktur des Gerechtigkeitskonzeptes zeigt. Kinder orientieren sich bei der Frage, was richtig und was falsch ist, an Strafen und Autoritäten während sich Jugendliche und Erwachsenen zunehmend an abstrakten Prinzipien orientieren. Entsprechend konstatieren Oser und Althof (2001a), dass die entscheidenden Veränderungen in der Moralentwicklung systematische Transformationen in der Struktur operativen Denkens über Gerechtigkeitsfragen sind. Dieser Transformationsprozess zeigt sich in unterschiedlichen Komponenten. Die Stufen moralischen Urteilens werden hinsichtlich der ihnen zugrunde liegenden kognitiven Leistung zunehmend komplexer. Die Spalte „Orientierung" gibt in differenzierter Abfolge wider, dass das egozentrische Lust-Unlust-Prinzip schrittweise von Begründungsmustern überwunden wird, die sich an rollenbezogenen Normen über gesellschaftliche Vorgaben bis hin zu ethischen Prinzipien orientieren. Dazu sind Fortschritte in der kognitiven Entwicklung notwendig, die es beispielsweise erlauben, während des Denkprozesses mehrere Dimensionen simultan zu berücksichtigen. Gleichzeitig müssen die Heranwachsenden lernen, Normen zu hinterfragen und zu begründen. Darüber hinaus wird das Einschlussniveau sozialer Sachverhalte in das moralische Urteil zunehmend umfassender (vgl. Spalte „sozialmoralische Perspektive"). Jede Stufe ist durch eine spezifische Form der Perspektivendifferenzierung und -koordination gekennzeichnet, die dem moralischen Urteil als zentrale Ordnungsstruktur zugrunde liegt. Der soziale Bezugrahmen, der den Standpunkt eines Individuums innerhalb seiner Umwelt beschreibt, erweitert sich von einer egozentrischen Perspektive hin zur Realisierung des Ichs als Teil einer Gemeinschaft von Menschen mit unterschiedlichen Wertüberzeugungen, Wünschen und Gefühlen. Es gelingt mehr und mehr, unterschiedliche Standpunkte einzunehmen und beim moralischen Urteilen zu berücksichtigen.

Analog zu Piaget (1983b/1932; 1976) erklärt Kohlberg die kognitive Entwicklung als eine voraussetzende Bedingung für die Entwicklung der moralischen Urteilskompetenz. Die Entwicklung zur jeweils nächsten Stufe wird durch eine reflektierende Reorganisation vollzogen, „die aus der Empfindung von Widersprüchen innerhalb der augenblicklichen Stufenstruktur hervorgeht" (Kohlberg, 1996, S. 170). D.h. die „Denkwerkzeuge" der Heranwachsenden erlauben nicht mehr, die Sachverhalte zufrieden stellend zu begreifen. Die Denkstruktur stößt an Grenzen und auf Widersprüche. Die anfallenden kognitiv-moralischen Konflikte zwingen das

Individuum, alte Strukturen zu transformieren und neue aufzubauen. Das Individuum ist demnach aktiv am Aufbau der Denkstrukturen beteiligt (Konstruktivismus). Denkprozesse allein sind jedoch nicht ausreichend, die beschriebene moralische Entwicklungsveränderung anzustoßen. Vielmehr ist die aktive Teilnahme am sozialen Leben ausschlaggebend. Im Gegensatz zu Piaget, der die paritätische Interaktion mit Gleichaltrigen als zentralen Motor für die Entwicklung moralischen Urteilens herausstellt, betont Kohlberg die Gelegenheit zur Rollen- und Perspektivenübernahme als wichtigste Prozesskomponente. Die Möglichkeit, unterschiedliche Standpunkte einnehmen zu können, bringt die moralische Entwicklung entscheidend voran.

Die konsequente Umsetzung seiner entwicklungspsychologischen Annahmen in eine erziehungspsychologische Praxis ist Kohlberg mit der Entwicklung des „Just-Community- Programm" gelungen, die „Gerechte- Schulgemeinschaft" zur Förderung der moralischen Urteilsfähigkeit an Schulen (Kohlberg, 1986). Neben der Stimulation anhand von Dilemmadiskussionen steht die Partizipation der Schüler am Schulleben im Mittelpunkt, um Selbstverantwortlichkeit, Gerechtigkeit und Rücksichtnahme erfahren zu können.

Turiel: Domänenspezifische Regelbeurteilung

In Abhebung zu Piaget (1954) und Kohlberg (1984) legt Turiel (1983) eine entwicklungspsychologische Theorie der Regelentwicklung vor, die explizit zwischen unterschiedlichen Regelsystemen differenziert: den moralischen Normen, den sozialen Konventionen und Regeln, die die persönlich-psychologische Sphäre betreffen.

Nucci und Turiel konnten bereits 1978 zeigen, dass schon Kinder im Vorschulalter zwischen moralischen und konventionellen Regeln unterscheiden. Dazu beobachteten sie Regelverletzungen im Kindergarten und die Reaktionen der Kinder und Erzieherinnen. Zusätzlich wurden einzelne Kinder gebeten, zu begründen, ob das von ihnen beobachtete Verhalten zulässig war. Je nach Entwicklungsstand wurden die Kinder zu unterschiedlichen Dimensionen der Regelbeurteilung befragt. Abbildung 1 verdeutlicht das methodische Vorgehen exemplarisch anhand der Handlung „ein anderes Kind schubsen".

Abbildung 1: Beispielfragen und die entsprechende Dimension der Regelbeurteilung nach Nucci und Turiel (1978).

- Hast Du gesehen, was Lisa gemacht hat?
- Ist es richtig oder falsch, dass Lisa Anna geschubst hat? Warum? (Zulässigkeit)
- Ist es schlimm, andere Kinder zu schubsen? Warum? (Bewertung)
- Wenn die Erzieherin nicht verbietet zu schubsen, ist es dann falsch zu schubsen? Ist es dann erlaubt? Warum? (Autoritätsabhängigkeit)
- Wenn es keine Regel in eurem Kindergarten gäbe, wäre es dann richtig zu schubsen? Warum? (Regelabhängigkeit)

Die Ergebnisse zeigen, dass Kinder auf der Handlungs- und Beurteilungsebene differenziert auf verschiedene Überschreitungen reagieren. Sie unterscheiden, ob ein Kind beispielsweise ein anderes schubst, oder ob ein Kind außerhalb der festgelegten Vesperzeit sein Brot isst. Letzteres wird übereinstimmend als weniger schlimm und durchaus veränderbar eingeschätzt. D.h. wenn die Erzieherin es erlauben würde, könnten die Kinder durchaus ihr Brot essen, wann immer sie wollen.

Entsprechend diesem Forschungsdesign ließen Turiel und seine Mitarbeiter in zahlreichen Erhebungen Kinder und Jugendliche sowohl hypothetische als auch alltagsnahe Regelverletzungen hinsichtlich folgender Dimensionen beurteilen: in Abhängigkeit einer potenziellen Strafe (bspw. Davidson, Turiel & Black, 1983), einer expliziten Regel (bspw. Turiel, 1983), einer Autoritätsperson (bspw. Weston & Turiel, 1980; Shweder, Turiel & Much, 1981), der Veränderbarkeit von Regeln und deren wahrgenommener

Schweregrad (bspw. Shantz, 1982). Eine Zusammenstellung und detaillierte Beschreibung der relevanten Untersuchungen findet sich bei Turiel (1983) und Helwig, Tisak und Turiel (1990).

Die Studien weisen in ihrer Gesamtheit darauf hin, dass Kinder, Jugendliche und Erwachsene zwischen unterschiedlichen Typen von Regeln unterscheiden. Damit bestätigen sie die Existenz der postulierten Regelbereiche und geben weiterhin Aufschluss darüber, anhand welcher Kriterien die Unterscheidung zwischen den Bereichen getroffen wird. Turiel integriert die Befunde in seiner so genannten Domänen- oder Bereichstheorie der Regelentwicklung (Turiel, 1983). Ausgangspunkt bilden die zentralen Regelbereiche Moral, Konvention und Persönliche Angelegenheit. Im Folgenden werden sie und die entsprechenden, empirisch ermittelten Indikatoren, die die Definition der Domänen und die Abgrenzung voneinander erlauben, dargestellt.

Die Domäne Moral

Regeln, die der Domäne bzw. dem Bereich Moral zugeordnet werden, auch moralische Regeln genannt, gehen mit der Bewertung des Handelns als gut oder schlecht, richtig oder falsch, einher. Entsprechend beziehen sie sich auf die Rechte und das Wohlergehen der Mitmenschen und orientieren sich dabei an den Konzepten Gerechtigkeit sowie Fürsorge. Sie lassen sich aus der Handlung selbst bzw. deren Konsequenzen für die anderen ableiten, weshalb ihnen ein kontextunabhängiger, universeller Geltungsbereich zukommt. Niemanden verletzen, belügen oder bestehlen sind konkrete Beispiele für moralische Regeln nach Turiel. Nachstehende Indikatoren sprechen für die Zuordnung einer sozialen Regel bzw. des damit verbundenen Regelübertritts zur Domäne Moral:

- Ein moralischer Regelübertritt wird unabhängig von der Existenz einer expliziten Regel als falsch beurteilt.
- Ein moralischer Regelübertritt wird als schwerwiegender eingestuft als ein Regelübertritt in der Domäne Konvention.

- Ein moralischer Regelübertritt zieht eine schwere Bestrafung nach sich.
- Moralischen Regeln wird ein über den Kontext hinausreichender Geltungsbereich zugesprochen; sie werden als universell und unveränderbar angesehen.
- Kein moralischer Regelübertritt wird als persönliche Angelegenheit bezeichnet.
- Ein moralischer Regelübertritt bezieht sich auf Fragen von Gerechtigkeit und Fürsorge.

Die Domäne Konventionen

Regeln, die der Domäne bzw. dem Bereich Konventionen zugeordnet werden, auch konventionelle Regeln oder Konventionen genannt, sind Regeln, die die Interaktion innerhalb eines sozialen Systems festlegen. Sie werden mit den jeweiligen Mitgliedern verhandelt und durch deren Konsens bestimmt. Entsprechend ist es möglich, sie in Übereinstimmung wieder aufzuheben. Da sie aus der jeweiligen Sozialordnung entstehen, können sie im Kern als kontext- oder autoritätsabhängig und veränderbar charakterisiert werden. Demzufolge lassen sie sich nicht aus den handlungsimmanenten Konsequenzen bei Regelmissachtung ableiten. Tischsitten oder Umgangsformen bei der Begrüßung sind Beispiele für konventionelle Regeln nach Turiel. Nachstehende Indikatoren sprechen für die Zuordnung einer sozialen Regel bzw. des damit verbundenen Regelübertritts zur Domäne Konvention:

- Ein konventioneller Regelübertritt wird in Abhängigkeit von bestehenden Regeln, Autoritäten oder Sanktionen als falsch beurteilt, d.h. lediglich dann, wenn sie einen konventionellen Standard verletzen.
- Ein konventioneller Regelübertritt wird weniger schwerwiegend eingestuft als ein Regelübertritt in der Domäne Moral.
- Ein konventioneller Regelübertritt zieht eine vergleichsweise mildere Bestrafung nach sich als ein moralischer Regelübertritt.

- Konventionelle Regeln werden kontextabhängig beurteilt.
- Konventionelle Regeln sind veränderbar.

Persönliche Angelegenheit

Regeln, die der Domäne bzw. dem Bereich Persönliche Angelegenheit zugeordnet werden, auch persönliche Regeln[3] genannt, beziehen sich auf Handlungen, die innerhalb der eigenen Entscheidungsfreiheit, d.h. dem individuellen Entscheidungsspielraum liegen. Sie können unabhängig von anderen bestimmt werden, denn sie stehen außerhalb der sozialen Regulierung. Folglich sollte ein Regelübertritt lediglich für den Akteur selbst Konsequenzen nach sich ziehen und andere Personen nicht tangieren. Die Wahl der Kleidung, der Frisur oder der Freund/innen sind Beispiele für Regeln der Domäne Persönliche Angelegenheit; kurzum alle Regeln, die die Frage von Wahl und Präferenz betreffen. Nachstehende Indikatoren sprechen für die Zuordnung einer sozialen Regel bzw. des damit verbundenen Regelübertritts zur Domäne Persönliche Angelegenheit:

- Ein persönlicher Regelübertritt wird als weniger gravierend eingestuft als ein Regelübertritt in den Domänen Konvention und Moral.
- Eine persönliche Regel wird als eigene Angelegenheit bezeichnet.
- Von anderen Instanzen als dem Selbst festgelegte persönliche Regeln, werden als absurd oder unsinnig bezeichnet.

Die Domänen Moral, Konvention und Persönliche Angelegenheit konstituieren spezifische Ausschnitte des sozialen Lebens, die unterschiedliche soziale Erfahrungen und unterschiedliches soziales Wissen widerspiegeln. Demnach werden die Regelkonzepte aus qualita-

---

3 Die Beschreibung und Definition der Domäne Persönliche Angelegenheit gehen maßgeblich auf die Arbeiten von Nucci (1981; 1996) und Nucci und Lee (1993) zurück, während Turiel seinen Schwerpunkt auf Moral und Konvention legt.

tiv unterschiedlichen Aspekten der sozialen Interaktion gebildet und folgen voneinander unabhängigen, bereichsspezifischen Entwicklungslinien. Die Konzeption moralischer Regeln gründet hauptsächlich auf Erfahrungen, die in sozialen Beziehungen durch die direkte Auswirkung einer Handlung erworben werden und impliziert die Vorstellung über Gerechtigkeit und Wohlfahrt. Konventionen dagegen werden vornehmlich als tradiertes Regelwissen innerhalb einer Gruppe erworben und beinhalten das Wissen um soziale Ordnungen und Systeme. Die Vermittlung von Regeln und Geboten, das Erteilen von Verboten oder das Aufzeigen von Aspekten der sozialen Ordnung stehen im Mittelpunkt konventioneller Interaktionen. Während bei konventionellen und moralischen Regeln Gehorsam gefordert wird, ist für die Herausbildung des Konzeptes der Persönlichen Angelegenheit der explizite Hinweis auf die freie Wahlmöglichkeit ausschlaggebend. In diesem Zusammenhang wird der Konflikt als zentrales Moment in der Interaktion herausgehoben. Kinder entwickeln die Domäne Persönliche Angelegenheit, indem sie freie Handlungsmöglichkeiten in bestimmten Dingen – oftmals gegen den Widerstand anderer – einfordern. Die Vorstellung eines autonomen Selbst mit persönlichen Belangen ist die Grundlage für die Etablierung dieses Regelbereichs.

Innerhalb eines Regelbereichs postuliert Turiel eine stufenweise Entwicklung. Die Stufenabfolge in der Domäne Moral beschreibt er in Analogie zu Kohlberg, die spezifischen Entwicklungssequenzen für die Domänen Konvention und Persönliche Angelegenheit finden sich im Anhang 4. Als zentralen Entwicklungsmotor für die Stufenübergänge nimmt er die Reorganisation der Denkstrukturen an, wie sie bereits in Zusammenhang mit Piaget und Kohlberg beschrieben wurde (siehe S. 26-27). In der Tradition der konstruktivistischen Ansätze geht er ebenfalls davon aus, dass das Individuum aktiv an der eigenen Entwicklung beteiligt ist. Es muss die Erfahrung machen, dass eigene Denkstrukturen nicht mehr ausreichen, um die Welt zu begreifen. Die erlebte Grenze aktiviert die Weiterentwicklung der Denkstrukturen. Daraus ergibt sich der zentrale Stellenwert, der der Teilhabe an Interaktionen in sozialen Systemen zugesprochen wird. Die Domänentheorie differenziert diesen Aspekt dahingehend aus, dass sie die Art und Weise der Interaktion bzw. Erfahrung spezifiziert, die zur Ausbildung unterschiedlicher Regelsysteme notwendig ist. Demnach sind Lehrkräfte aufgefordert, unterschiedlich auf die unterschiedlichen Regelübertritte zu reagieren. Während im Bereich der Konventionen der Verweis auf eine bestehende Regel oder eine entsprechende Anordnung ausreicht, ist im Bereich der Moral ein anderes Vorgehen notwendig. Lehrkräfte kommen nicht umhin, die Folgen moralischer Regelübertritte zu thematisieren und dabei besonders die Gefühle der Beteiligten transparent zu machen, wenn sie das Ziel verfolgen, ihre Schüler für moralische Angelegenheiten zu sensibilisieren.

Zusammenfassende Bewertung der theoretischen Ansätze mit Blick auf ihren Beitrag für die Werteerziehung im Kontext Schule

Nachdem die Grundannahmen der Theorien von Piaget, Kohlberg und Turiel dargestellt wurden, wird abschließend zusammenfassend diskutiert, wie eine Wertevermittlung in der Schule auf der Grundlage der ausgeführten, zentralen Postulate aussehen könnte.

Obgleich Eingangs erwähnt wurde, dass die entwicklungspsychologischen Ansätze betonen, im Rahmen der Regelentwicklung keine inhaltlichen Vorgaben zu machen, sondern übereinstimmend die Internalisierung von Normen als Entwicklungsziel hervorheben, können dennoch inhaltliche Konkretisierungen abgeleitet werden: Piaget spricht von der Einsicht in den Sinn von Normen für das Existieren einer Gemeinschaft. Kohlberg zeichnet eine Entwicklungslinie, an deren Endpunkt ein Individuum steht, das sich zunehmend als Teil einer Gemeinschaft von Menschen mit unterschiedlichen Wertüberzeugungen, Wünschen und Gefühlen sieht. Damit formuliert er deutlich die Idee von Gerechtigkeit und Fürsorge, von Toleranz, Akzeptanz und Rücksichtnahme wie sie auf der aktuellen gesellschaftspolitischen Ebene in Zusammenhang mit der Werterziehung an Schulen diskutiert werden.

Auf die Frage, wie eine Moralerziehung, die um solche Ziele bemüht ist, aussehen muss, kommen alle Ansätze zum selben Schluss: Moral kann nicht als eine Art von Lernstoff im Unterricht gelehrt oder gelernt werden, sondern nur durch die Teilnahme am moralischen Handeln und Entscheiden vom Kind selbst erarbeitet werden. Moralische Entwicklung im engen und Regelentwicklung im weiten Sinne vollziehen sich durch die aktive Auseinandersetzung mit der Umwelt. Demnach kann Schule die Entwicklung von Schülern begünstigen, indem sie Möglichkeiten zur Partizipation am sozialen Leben eröffnet.

Piaget stellt in diesem Zusammenhang die Gleichaltrigengruppe ins Zentrum. Die Klassen- und Schulgemeinschaft bietet seiner Meinung nach einen optimalen Entwicklungsraum, in dem Kinder unter Mitschülerinnen Erfahrungen von Gegenseitigkeit und Gleichheit machen. Unabhängig von der elterlichen Autorität können sie untereinander Normen und Regeln aushandeln. Piaget sieht diese Aspekte beispielsweise in der Methode der Gruppenarbeit als Arbeitsform im Unterricht verwirklicht. Er erhebt die Zusammenarbeit zum Hauptfaktor geistigen Fortschritts und folgerichtig der moralischen Urteilsfähigkeit. In der Gruppe müssen sich die Heranwachsenden mit ihren Mitschülern absprechen, Arbeitsschritte aushandeln und unterschiedliche Positionen integrieren. Obwohl Piaget die Aufgaben der Lehrkräfte nicht im Detail ausführt, wäre es meines Erachtens eine verkürzte Sichtweise, seine Annahmen dahingehend auszulegen, dass allein der Besuch der Schule ausreicht, die Moralentwicklung zu stimulieren und Lehrer der Erziehungsverantwortung entbunden sind. Neben Verabredungen, die Schüler eigenständig treffen, brauchen sie auch die Unterstützung der Lehrkräfte, die beispielsweise Konflikte aufgreifen und die entsprechenden Verhandlungen moderieren können.

Kohlberg erweitert den Ansatz von Piaget dahingehend, dass er über die Gleichaltrigengruppe hinaus jegliche Interaktion, die Rollen- und Perspektivenübernahme ermöglicht, als entwicklungsfördernd einstuft. Schule bietet einen reichhaltigen Erfahrungsraum für Kommunikation und Interaktion auf und zwischen unterschiedlichen Ebenen: Je nach Anliegen setzen sich beispielsweise Schüler mit Lehrern, Lehrer mit der Direktorin, die Schule als Ganzes mit der Gemeinde oder Schulbehörde auseinander. Eine transparente Diskussion bietet die Möglichkeit, unterschiedliche Positionen und damit verbundene Argumentationen nachvollziehen zu können. Die Rolle, die Lehrkräfte dabei einnehmen, wird von Kohlberg in seinem Konzept der Just Community-School (1986) spezifiziert, dessen Grundpfeiler die Schulung der Diskursfähigkeit, insbesondere im Rahmen von Dilemmadiskussionen, die Entwicklung von Normen durch Partizipation aller und die Demokratisierung der Schule bilden. Die kognitive Entwicklung als voraussetzende Bedingung für die Entwicklung moralischer Urteilsfähigkeit kann durch gezielte Diskussion moralischer Dilemmata im Unterricht gefördert werden. Die Lehrkraft kann dabei hypothetische als auch konkrete Konflikte des Schulalltags aufgreifen. Die Entwicklung von Normen durch Partizipation wird beispielsweise durch wöchentliche Schulversammlungen angeregt, an denen alle teilnehmen, die direkt am Schulleben beteiligt sind (Lehrkräfte, Schüler, die Schulleitung, der Hausmeister etc.). Die Demokratisierung der Schule zielt darauf ab, eine Lebenswelt für Heranwachsenden zu schaffen, in der Gerechtigkeit in der alltäglichen Interaktion erlebbar ist. Dazu ist es erforderlich, dass jeder einzelne sich dem Demokratiegedanken verpflichtet fühlt. Folglich kann die Einführung einer Just Community-Gemeinschaft nicht auf Verordnung von „Oben", d.h. durch administrativen Beschluss der Schulleitung gelingen, wenn nicht auch die einzelnen Lehrkräfte von diesem Konzept überzeugt sind. Fritz Oser und Wolfgang Althof haben sich um die Etablierung des Konzepts der Gerechten Schulgemeinschaft im europäischen Raum verdient gemacht. Dabei haben sie die Idee Kohlbergs nicht nur aufgegriffen, sondern an die hiesigen Schulsysteme angepasst und entsprechend modifiziert. Eine ausführliche

Darstellung und Diskussion der gerechten Schulgemeinschaften, auch mit konkreten anwendungsbezogenen Beispielen aus dem Schulalltag, finden sich bei Oser und Althof (2001a; 2001b) und Althof (1996). Den Anfang bildete ein Modellprojekt auf der Sekundarstufe in Nordrhein-Westfalen. Mittlerweile wurden mehrere gerechte Schulgemeinschaften – auch für den Primarbereich – entwickelt und hinsichtlich ihrer Effektivität evaluiert (Oser & Althof, 2001b; Althof, 2003). Eines der bedeutendsten Ergebnisse für Lehrer dürfte sein, dass sich neben der Veränderung der Urteilsfähigkeit auch das Verhalten der Schüler dahingehend verändert hat, dass sie fürsorglicher und rücksichtsvoller miteinander umgehen; abweichendes und delinquentes Verhalten haben deutlich abgenommen und die Einstellung der Schüler zum schulischen Lernen hat sich ebenfalls positiv verändert. Dieser signifikante Effekt zeigte sich sowohl im „Vorher-Nacher-Vergleich" der Projektschulen als auch im Vergleich der Projektschulen gegenüber so genannten Kontrollschulen, in denen die gerechte Schulgemeinschaft nicht verankert wurde. Vor dem Hintergrund der anfangs aufgeworfenen Frage nach der Beziehung von moralischem Urteilen und Handeln weisen die Erfahrungen der gerechten Schulgemeinschaften daraufhin, dass die Entwicklung des Urteils- und Reflexionsvermögens auch mit Veränderungen auf der Verhaltensebene einhergehen kann, wenn entsprechende Rahmenbedingungen, bspw. die demokratische Grundhaltung, erfüllt sind. Ebenso erfordern die Dilemmadiskussionen als Teil des Unterrichtes Lehrkräfte, die sich zuvor selbst vertiefend mit der Materie auseinandergesetzt haben. Lind (2003)[4] äußert sich in Zusammenhang mit der Methode der Dilemma-Diskussion kritisch darüber, in der Klasse moralische Diskussionen anzuregen, ohne sie professionell begleiten zu können. Gleichzeitig zeigt er auf, welche Erfolge die Etablierung dieses Bausteines im Unterricht erzielen kann. Dass dies nicht nur auf den

---

4 Weitere Informationen über die Methode der Dilemma-Diskussion sind im Netz unter http://www.uni-konstanz.de/ag-moral/ zu finden.

Ethik-, Werte-, oder Religionsunterricht beschränkt sein muss, verdeutlichten Bögeholz, Hößle, Langlet, Sander und Schlüter (2004), die Modelle zur Förderung moralischer Urteilskompetenz im Biologieunterricht vorstellen. Diese Beispiele sollen verdeutlichen, dass auch Lehrkräfte, die zwar vom Konzept der Gerechten Schulgemeinschaft überzeugt sind, jedoch keine Möglichkeit haben, die gesamte Schulstruktur zu verändern, durchaus einzelne Elemente in ihren Unterrichtsalltag integrieren und damit die Entwicklung der moralischen Urteilskompetenz anregen können. Vor dem Hintergrund der bisherigen empirischen Erfahrung, scheint es durchaus plausibel, auch durch den Aufbau kleinerer Einheiten wie gerechten Schulklassen eine Moralerziehung, wie sie in diesem Kapitel gezeichnet wird, umsetzen zu können. DeVries und Zan (1994) beschreiben in ihrem Buch „Moral Classrooms, Moral Children" auf anschauliche Weise ihre Arbeit mit einzelnen Grundschulklassen. Sie zeigen, wie Lehrkräfte in der alltäglichen Interaktion die konstruktivistische Grundannahme moralischer Erziehung kultivieren können. Anhand von zahlreichen Beispielen diskutieren sie unter anderem die Rolle von Regeln und Disziplin und führen Leitfäden für die Arbeit mit schwierigen Kindern an. Dennoch geben sie zu bedenken, dass der demokratische Geist der gesamten Schule, die Entwicklung der soziomoralischen Atmosphäre einzelner Klassen behindern oder unterstützen kann.

Die von Turiel (1983) entwickelte Domänentheorie ist für die Wertevermittlung an Schulen in zweierlei Hinsicht von Bedeutung. Sie stützt die bislang aufgezeigte konstruktivistische Auffassung des Umgangs mit Normen und Werten, wobei sie das Augenmerk besonders auf die Rolle des Lehrerhandels in der Lehrer-Schüler-Interaktion lenkt. Mit Blick auf die Entwicklung unterschiedlicher Regelsysteme, kann für die Lehrkraft die Aufgabe abgeleitet werden, Regeln zu erläutern, zu begründen und gegebenenfalls gemeinsam auszuhandeln. Bei Regelübertritten in der Domäne Moral ist es zudem erforderlich, die Folgen von Regelverletzungen für die Betroffenen, insbesondere die emotionalen Aspekte, aufzuzeigen.

Damit unterstreicht die Domänentheorie die zentrale Rolle der Gefühle im Entwicklungsprozess, die auch an anderer Stelle als unverzichtbares Element in der Moralerziehung hervorgehoben wird (vgl. Hoffman, 1967; 1983; Montada, 1993; Nunner-Winkler & Sodian, 1988). Smetana kann mit ihren Untersuchungen in Familien bestätigen, dass ein differenziertes Eingehen auf Regelübertritte von Seiten der Eltern ein ebenso differenziertes Verständnis für moralische, konventionelle und persönliche Belange auf Seiten der Kinder fördert (vgl. Smetana, 1995; 1999; Smetana & Daddis, 2002). Gleichzeitig erinnert sie jedoch daran, dass die Schule – als bedeutende Sozialisationsinstanz neben dem Elternhaus – ebenfalls die moralische Entwicklung von Kindern und Jugendlichen beeinflusst. Dass für die Lehrer-Schüler-Interaktion in Überschreitungssituationen dieselben Mechanismen eines domänenadäquaten Verhaltens wirksam sind, legen die Analysen von Nucci (1984; 1989) nahe. Damit unterstreichen seine Befunde die Gültigkeit der bereichsspezifischen Annahmen für den Schulkontext und heben ein weiteres Mal die Erziehungsverantwortung der Institution Schule hervor.

Neben den bereits aufgezeigten Schlussfolgerungen, die hinsichtlich der pädagogischen Interaktion in der Lehrer-Schüler-Dyade abgeleitet werden können, stellt die Domänentheorie einen theoretischen Rahmen bereit, um Konflikte zwischen Lehrern und Schülern hinsichtlich der Akzeptanz der Lehrerautorität erklären und folgerichtig verstehen und einordnen zu können. Smetana und Bitz (1996) haben nachgewiesen, dass Schüler sich auch bei der Beurteilung der Lehrerautorität an den postulierten Domänen orientieren. Die Mehrzahl der von ihnen befragten Schüler akzeptieren von Lehrern aufgestellte Regeln, wenn moralische oder konventionelle Gesichtspunkte angesprochen werden, während sie bei persönlichen Angelegenheiten die Lehrerautorität strikt ablehnen. Mit zunehmendem Alter deklarieren Schüler jedoch zunehmend mehr Regeln als persönliche Belange und ordnen diese ihrer eigenen Entscheidungsbefugnis zu. Konflikte zwischen Schülern und Lehrern resultieren demzufolge aus der Zuordnung ein und derselben Regel zu unterschiedlichen Domänen. Während Schüler beispielsweise Fragen der Kleidung der Domäne Persönliche Angelegenheiten zuordnen, kann es durchaus sein, dass Lehrer in der Kleiderordnung eine Konvention sehen. Aufgrund der Zuordnung der Kleiderfrage zu unterschiedlichen Domänen beanspruchen sowohl Lehrer als auch Schüler alleinige Entscheidungsbefugnis, was zwangsläufig zu einem Konflikt führt, obwohl Lehrer und Schüler hinsichtlich der Akzeptanz und Beanspruchung der Lehrerautorität in der Domäne Konvention grundsätzlich übereinstimmen. Hoppe-Graff, Latzko, Engel, Hesse, Mainka und Waller (1998) konnten in einer Befragung mit 120 Gymnasialschülern der Klassenstufen sechs, acht und zehn die Befunde aus dem anglo-amerikanischen Bereich teilweise bestätigen. Beispielsweise ordnet die Mehrheit der Schüler den Regelübertritt „den Lehrer belügen" dem Bereich Moral zu. Abweichend von den amerikanischen Resultaten bedeutet diese Zuordnung allerdings nicht, dass das Lügen nicht akzeptiert wird. Einige der deutschen Schüler rechtfertigen das Belügen der Lehrkraft mit Notlagen. Hoppe-Graff und Mitarbeiter interpretieren ihre Befunde dahingehend, dass Schüler bei der Beurteilung der Lehrerautorität zwar auf die Domänen zurückgreifen, aber auch spezifische Kontextvariablen der Schule berücksichtigen. Schüler haben demnach eine differenzierte Vorstellung über die Akzeptanz von Lehrerautorität.

Zusammenfassend lässt sich aus allen dargestellten Theorien der Schluss ableiten, dass Werteerziehung nur durch Werteerfahrung, durch die Möglichkeit der Partizipation am sozialen Leben, erfolgen kann. Obgleich alle Ansätze durch nachfolgende Forschungsarbeiten kritisch diskutiert und hinsichtlich von Altersangaben und von Kontexteinflüssen modifiziert wurden, besitzen die postulierten zentralen Entwicklungsmechanismen bis dato uneingeschränkte Gültigkeit.

– Wertevermittlung ist Werteerfahrung.

– Die Schule sollte Schülern und Lehrern Raum geben, sich auf allen Ebenen mit Werten auseinandersetzen zu können: über Normen und Werte nachdenken, darüber diskutieren, sie verletzen und Konsequenzen spüren.

DeVries, R. & Zan, B. (1994). Moral classrooms, moral children: creating a constructivist atmosphere in early education. New York: Teachers College Press.

Edelstein, W., Oser, F. & Schuster, P. (Hrsg.) (2001). Moralische Erziehung in der Schule: Entwicklungspsychologie und pädagogische Praxis. Weinheim: Beltz.

Lind, G. (2003). Moral ist lehrbar. Ein Handbuch zur Theorie und Praxis moralischer und demokratischer Bildung. München: Oldenbourg-Verlag.

Nucci, L. P. (2001). Education in the moral domain. New York. Cambridge University Press.

Oser, F. & Althof, W. (2001b). Moralische Selbstbestimmung: Modelle der Entwicklung und Erziehung im Wertebereich, ein Lehrbuch (4. Aufl.). Stuttgart: Klett-Cotta.

2.3 Lernpsychologische Annahmen

In diesem Kapitel wird die Frage nach der Werteerziehung mit Blick auf das konkrete Handeln angegangen. Auf der Basis lernpsychologischer Annahmen sollen grundlegende Prozesse beim Aufbau und der Veränderung von Verhalten veranschaulicht werden. In einem ersten Schritt werden die Lernprinzipien im Rahmen des Paradigmas des operanten Konditionierens und des Modellernens vorgestellt. In einem zweiten Schritt wird deren Relevanz in Zusammenhang mit der Werteerziehung an Schulen diskutiert.

Operantes Konditionieren nach Skinner: Lernen durch Verhaltenskonsequenzen

Die Theorie des Operanten Konditionierens geht auf Skinner (1967) zurück. In der Tradition behavioristischer Grundannahmen ist dabei lediglich das beobachtbare Verhalten von Interesse. Die Kernannahme besteht darin, dass die Auftretenswahrscheinlichkeit eines Verhaltens durch dessen Verhaltenskonsequenz beeinflusst wird. Das dabei zugrunde liegende Lernprinzip ist das der Kontingenz, die Verknüpfung zwischen dem gezeigten Verhalten und der nachfolgenden Konsequenz. Skinner unterscheidet zwischen zwei Formen des operanten Lernens: dem Aufbau erwünschten Verhaltens und dem Abbau unerwünschten Verhaltens. Tabelle 3 verdeutlicht, dass eine Verstärkung des Verhaltens immer zu einem Verhaltensaufbau führt, unabhängig davon, ob negativ oder positiv verstärkt wird. Bestrafung als Verhaltenskonsequenz und Löschung führen dagegen zu einem Verhaltensabbau.

Tabelle 3: Formen des operanten Lernens

Verhaltens-**Aufbau**	Verhaltens-**Abbau**
Positive Verstärkung	Bestrafung
Negative Verstärkung	Löschung

Eine positive Verstärkung meint die Darbietung einer angenehmen Konsequenz, eine negative Verstärkung den Entzug einer negativen Konsequenz. Beides führt zum Aufbau des gewünschten Verhaltens. Zum Abbau führen dagegen der Entzug einer angenehmen Konsequenz oder die Darbietung einer unangenehmen Konsequenz. Folgt auf ein Verhalten wiederholt keine Konsequenz, geht die Wahrscheinlichkeit, dass es ein weiteres Mal gezeigt wird, gegen Null. Man spricht in diesem Fall von Löschung. Tabelle 4 zeigt die möglichen Verhaltenskonsequenzen und ihre Wirkungsweisen im Überblick.

Tabelle 4: Überblick über verschiedene Verhaltenskonsequenzen und ihre Wirkungsweisen

	Darbietung	Entzug
angenehme Konsequenz	positive Verstärkung	negative Bestrafung
unangenehmen Konsequenz	positive Bestrafung	negative Verstärkung
Keine Konsequenz		Löschung

Ob es sich bei einer Konsequenz um einen Verstärker handelt kann nicht per se, sondern immer nur in Abhängigkeit davon geklärt werden, ob Verhalten auf- oder abgebaut wird. Verstärker sind demnach nicht inhaltlich definiert, sondern empirisch, das heißt aufgrund ihrer Auswirkung auf die Veränderung der Auftretenswahrscheinlichkeit. Alle bedeutsamen Ereignisse, die das Verhalten eines Organismus festigen, wenn sie in kontingenter Beziehung zu dem gezeigten Verhalten auftreten, können als Verstärker bezeichnet werden. Ein Lob beispielsweise kann in einer konkreten Situation lediglich dann als sozialer Verstärker interpretiert werden, wenn es die Festigung des gewünschten Verhaltens nach sich zieht. Wird die Auftretenswahrscheinlichkeit nicht erhöht, kann nicht von einem Verstärker gesprochen werden. Das Lob war in diesem Fall sicherlich als Verstärker intendiert, hat seine Funktion jedoch nicht erfüllt.

Bereits an diesem Beispiel wird deutlich, dass die Anwendung eines scheinbar einfachen Lernprinzips auf komplexe Erziehungssituationen oftmals von Irrtümern und Missverständnissen begleitet wird: Im Alltagsgebrauch assoziieren wir mit der Terminologie positiv und negativ etwas Angenehmes bzw. Unangenehmes. Im vorliegenden Zusammenhang meinen die Begriffe positiv bzw. negativ jedoch die Darbietung bzw. den Entzug einer Konsequenz, unabhängig davon, ob es sich um eine angenehme oder unangenehme Konsequenz handelt (vgl. Tabelle 4). Um in der konkreten Lehrer-Schüler-Interaktion verstehen zu können, ob eine Konsequenz als Verstärker wirkt, ist es notwendig den rein behavioristischen Rahmen zu verlassen und darüber hinaus, kognitive und motivationale Aspekte des Lernens einzubeziehen: Erst die Wahrnehmung und Interpretation einer Konsequenz durch den Schüler bestimmt deren Bedeutung als Verstärker. Steiner (2004) illustriert diesen Umstand anhand anschaulicher Beispiele aus dem Schulkontext. Ein Lehrer ermahnt einen Schüler, der ständig durch Schwatzen den Unterricht stört. Gemäß Tabelle 4 geht der Lehrer davon aus, durch die Darbietung einer unangenehmen Konsequenz, das störende Verhalten positiv zu bestrafen, was laut Theorie zum Verhaltensabbau (vgl. Tabelle 3) führen müsste. Das störende Verhalten nimmt jedoch zu. Daraus kann geschlussfolgert werden, dass der Schüler die Reaktion auf sein Schwatzen als Darbietung einer angenehmen Konsequenz, als positive Verstärkung erlebt, die entsprechend der Ausführung in Tabelle 3 zum Verhaltensaufbau führt. In diesem Fall interpretiert der Schüler den Tadel als Zuwendung durch den Lehrer oder genießt die Aufmerksamkeit der Mitschüler. Daran wird deutlich, dass Lehrkräfte bei einer intendierten Verhaltensmodifikation im Vorfeld prüfen müssen, ob die Konsequenz für die jeweiligen Schüler motivations- und situationsadäquat ist. Entsprechen die Konsequenzen nicht den Bedürfnissen der Schüler, zeigen sie auch nicht die beabsichtigte Wirkung. Die Androhung, nicht zum Klassenausflug mitkommen zu können, wird den Schüler wenig beeindrucken, wenn er ohnehin keine Lust hat teilzunehmen. Dieses Beispiel illustriert weiterhin, dass Erzieher – ob Lehrer oder Eltern – in einer angespannten Situation geneigt sind, vorschnell Konsequenzen anzukündigen, die sie nicht durchsetzen können oder wollen. Gerade vor dem Hintergrund, dass Verhalten, das nur gelegentlich verstärkt wird, besonders löschungsresistent ist, ist es erforderlich, genau zu prüfen, ob wir tatsächlich konsequent reagieren. Die systematische Beobachtung des eigenen Verhaltens zeigt oft überraschende Effekte: Lehrkräfte nehmen fälschlicherweise an, konsequent zu reagieren und bauen – unbewusst – unerwünschtes Verhalten auf. Die bewusste Analyse von Verhaltensketten dient dazu, solche Irrtümer zu erkennen und unerwünschtes

Verhalten effektiv abzubauen (vgl. Rost, 1982; 1998). Der Abbau unerwünschter Verhaltensweisen wird jedoch nicht automatisch vom Aufbau erwünschter Handlungsmöglichkeiten begleitet. Deshalb ist es unverzichtbar, dass der Erzieher explizit Handlungsalternativen mit den Kindern und Jugendlichen einübt oder Modelle anbietet, über die neues Verhalten gelernt werden kann.

Modelllernen nach Bandura: Lernen durch Beobachtung

Dass Kinder und Jugendliche sich eine Menge „abgucken", darüber herrscht allgemeine Einigkeit. Die spezifischen Wirkmechanismen und Bedingungen für erfolgreiches Beobachtungslernen sind jedoch nur Wenigen bekannt. Lernen am Modell bezeichnet den Erwerb oder die Veränderung von Verhaltensweisen durch Beobachtung eins Modells, welches real oder symbolisch gegeben sein kann (Bandura, 1977). Die Teilprozesse, die dabei ablaufen gliedern sich in eine Aneignungsphase und eine Ausführungsphase. In der Aneignungsphase sind Aufmerksamkeits- und Gedächtnisprozesse des Beobachters von zentraler Bedeutung für die Wahrnehmung und Speicherung des gesehenen Verhaltens, während in der Ausführungsphase motorische Reproduktionskompetenzen und Verstärkungs- sowie Motivationsprozesse zum Tragen kommen (vgl. Zimbardo, 2005). Die Wahrscheinlichkeit, dass ein Verhalten durch Beobachtung gelernt wird, ist umso höher, je attraktiver das Modell für den Beobachter ist. Die Aufmerksamkeit wird eher auf ein Modell gerichtet, welches als positiv und beliebt wahrgenommen wird als im umgekehrten Fall. Weiterhin muss sich das Modell deutlich von konkurrierenden Modellen abheben, damit es für den Beobachter gut sichtbar ist. Wird der Beobachter zusätzlich dafür belohnt, seine Aufmerksamkeit auf das Verhalten des Modells zu richten, steigt die Wahrscheinlichkeit, dass die Aufmerksamkeit auf das gewünschte Verhalten gelenkt wird. Letztendlich ist die wahrgenommene Konsequenz auf das beobachtete Verhalten ausschlaggebend dafür, ob es auch tatsächlich gezeigt wird. Sind dem

Lehrer die Bedingungen für erfolgreiches Modellernen bekannt, kann er sie gezielt nutzen, um den Schüler zu unterstützen, neues Verhalten aufzubauen. Oftmals sind sich Lehrer der bedeutenden Rolle, die sie im Leben von Kindern und Jugendlichen spielen, nicht bewusst. Dabei haben Lehrer gerade vor dem Hintergrund ungünstiger familiärer Kontexte die Möglichkeit, ihren Schülern alternative Verhaltensmodelle anzubieten.

Die vorgestellten Lernprinzipien des operanten Konditionierens und Modelllernens finden in zahlreichen Erziehungsprogrammen ihre Anwendung. Diese sind in darauf ausgerichtet, die Erziehungskompetenz der Verantwortlichen zu schulen. Das Positive Parenting Programm, kurz Triple-P genannt (Sanders, 1999), trainiert Eltern beispielsweise darin, das eigene und das Verhalten der Kinder genau zu beobachten, um situations- und altersadäquat reagieren zu können. Obwohl dieses Programm in erster Linie Eltern anspricht, können auch Lehrkräfte in ihrem Umgang mit konsequenter Erziehung davon profitieren. Eine ausführliche Darstellung des Erziehungsprogramms – neben anschaulichen Materialien – findet sich im Elternhandbuch (Markie-Dadds, Sanders & Turner, 2003) oder unter http://www.triplep.de. Einen Überblick über weitere Programme, die sich im deutschen Sprachraum bewährt haben, gibt Fuhrer (2005).

Auf den ersten Blick könnte es durchaus als unvereinbar erscheinen, die aufgezeigten Lernprinzipien mit den konstruktivistischen Ansätzen zur Werteerziehung in Einklang bringen zu wollen. Dabei kann die lernpsychologische Perspektive durchaus wichtige Impulse zum Aufbau und zur Veränderung moralischen Verhaltens liefern. In Anbetracht der Herausforderungen, mit denen sich Lehrkräfte tagtäglich konfrontiert sehen, stellt die Berücksichtigung von Lernmechanismen eine sinnvolle Erweiterung im Rahmen der Diskussion um Wertevermittlung dar. Bedenken, die Kinder lediglich zu dressieren und zu einer blinden Autoritätshörigkeit zu erziehen, sind durchaus berechtigt, wenn das Entwicklungsziel-

und Erziehungsziel des reflexiven Individuums aus den Augen verloren wird. Bestimmt jedoch eine demokratische Grundhaltung das Lehrerhandeln in der konkreten Lehrer-Schüler-Interaktion, trägt ein konsequentes Erzieherverhalten dazu bei, ein Klassen- und Schulklima zu schaffen, dass von gegenseitiger Wertschätzung geprägt ist.

- Konsequent auf Regelübertritte reagieren.

- Nur solche Reaktionen ankündigen, die konsequent und realistisch umgesetzt werden.

- Lehrkräfte sind Vorbilder.

Rost, D.H. (1998). Pädagogische Verhaltensmodifikation. In D.H. Rost (Hrsg.), Handwörterbuch Pädagogische Psychologie (S. 387-546). Weinheim: Beltz.

Steiner, G. (2004). Lernen: 20 Szenarien aus dem Alltag (3. korr. Aufl.). Bern: Hans Huber.

Rost, D.H. (1982). Erziehungspsychologie für die Grundschule. Bad Heilbrunn: Klinkhardt.

Zimbardo, P.G. & Gerrig, R.J. (Hrsg.) (2005). Psychologie (16. aktualisierte Aufl.). München: Pearson Studium.

3. Empirische Untersuchungen
   Soziale Regeln – und wie sieht es damit in den Schulen aus?

Nachdem sich das vorangegangene Kapitel dem Umgang mit sozialen Regeln auf theoretischer Ebene gewidmet hat, nähert sich dieses Kapitel dem Gegenstand auf empirische Weise. Es werden ausgewählte Studien aus dem Forschungsprojekt „soziale Regeln" präsentiert, in dessen Rahmen der Umgang mit und die Beurteilung von Regelübertritten durch Kinder, Jugendliche, Eltern, Erziehende und Lehrpersonen untersucht wurde. Dabei kamen sowohl schriftliche und mündliche Befragungen als auch Verhaltensbeobachtungen zum Einsatz. Im Folgenden werden jene Ergebnisse präsentiert, die hinsichtlich der übergeordneten Fragestellung der Wertevermittlung an Schulen relevant sind. Deshalb stehen Schülerinnen, Schüler und Lehrkräfte im Zentrum der Darstellung. Mit Ausnahme der ersten Untersuchung beschränkt sich die Dokumentation der Ergebnisse auf die Angabe prozentualer Häufigkeiten. Dadurch soll die Lesbarkeit erleichtert werden. Interessierte Leser können das vollständige empirische Material sowie eine detaillierte Beschreibung der Auswertungsmethodik über den Verlag anfordern oder über den Internetlink XXX abrufen. Der erste Abschnitt (3.1) stellt Studien zur Sicht der Schülerinnen und Schüler vor, der zweite Abschnitt die Seite der Lehrkräfte (3.2). Abschließend werden beide Perspektiven miteinander verglichen. Die Befunde der Einzelstudien werden zusammenfassend diskutiert und hinsichtlich ihrer pädagogischen Schlussfolgerungen für den Umgang mit Regeln bzw. der Wertevermittlung an Schulen ausgewertet (3.3).

3.1 Soziale Regeln und Lehrerautorität
– die Sicht der Schülerinnen und Schüler

Im Mittelpunkt der folgenden Studien steht die Sicht von Schülerinnen und Schülern bei der Beurteilung von sozialen Regeln. In der Forschungstradition von Turiel (1983) wird der methodische Zugang über die Beurteilung von Regelübertritten gegenüber Lehrkräften (und Eltern) gewählt. Geht man von einer interaktionistischen Perspektive auf Lehrerautorität (vgl. Reichwein, 1989) aus, die das Wechselspiel zwischen Anspruch und Zuschreibung von Autorität betont, spiegelt die von Jugendlichen formulierte Akzeptanz von Regelübertritten bzw. die damit verbundene Entscheidungsbefugnis den Grad der Anerkennung bzw. Ablehnung einer Person als erzieherische Autorität wider. In diesem Paradigma wird Autorität weder als Persönlichkeitsmerkmal der Lehrkraft, noch als Größe verstanden, die automatisch durch Rolle oder Status verliehen wird. Vielmehr handelt es sich um die Qualität einer Beziehung, die in der alltäglichen Auseinandersetzung immer wieder neu erarbeitet werden muss. Geißler (1982) betont in diesem Zusammenhang, dass Autorität nur mit dem Willen, aber nicht gegen den Willen des Anerkennenden existieren kann. Folgerichtig werden Lehrerinnen und Lehrer erst durch die Anerkennung durch Schülerinnen und Schüler zu Autoritäten.

Es werden nachfolgend ausgewählte Ergebnisse aus Studien berichtet, denen diese Sichtweise von Lehrerautorität zugrunde liegt. Die erste Studie hat die Akzeptanz und Begründung von Regelübertritten gegenüber Lehrkräften (und Eltern) zum Gegenstand. Darauf aufbauend geht eine zweite Studie der Frage nach, wie Jugendliche Autoritätspersonen in Überschreitungssituationen wahrnehmen. Der Fokus liegt dabei auf Befunden zu moralischen Regelübertritten, wodurch unmittelbar an die theoretischen Grundlagen (vgl. Kap. 2) angeknüpft werden kann. Beide Studien wählen einen indirekten Zugang, da die pädagogische Autorität über den Umgang mit Regelübertritten erfasst wird. Eine dritte Untersuchung erfasst die Vorstellungen der Schülerinnen und Schüler über Lehrerautorität auf direktem Wege, indem nach der Akzeptanz und Begründung von konkreten Autoritätspersonen gefragt wird.

Studie 1: Akzeptanz und Begründung von Regelübertritten gegenüber Lehrkräften

Im Rahmen der Domänentheorie (vgl. Kapitel 2.2) wird diese Studie von der Frage geleitet, ob Jugendliche die Überschreitung einer sozialen Regel gegenüber Lehrkräften und Eltern unterschiedlich beurteilen. Empirischen Befunden zufolge akzeptieren Jugendliche – auch mit zunehmendem Alter – die elterliche Entscheidungsbefugnis hinsichtlich Regeln der Domäne Moral und Konvention. Für den Kontext Schule liegen diesbezüglich uneinheitliche Befunde vor (siehe Smetana & Bitz, 1996; Hoppe-Graff, Latzko, Engel, Hesse, Mainka & Waller, 1998), die vermuten lassen, dass den Lehrkräften von Seiten der Schülerinnen und Schüler seltener eine Erziehungsfunktion zugesprochen wird als den Eltern. Schule definiert sich im Gegensatz zum Elternhaus durch den institutionellen Charakter und die Funktion, Wissen zu vermitteln. Sie wird größtenteils durch das Leistungsprinzip bestimmt, dem alle anderen Bereiche untergeordnet werden. Folgerichtig kann vermutet werden, dass auch moralische Angelegenheiten im Kontext Schule unter anderen Gesichtspunkten als im Elternhaus beurteilt werden. Die unterschiedlichen Charakteristika der Kontexte Schule und Elternhaus legen nahe, dass Befunde, die im Rahmen der Eltern-Kind-Dyade gewonnen wurden (Smetana, 1988; Smetana & Asquith, 1994) nicht fraglos auf die Lehrer-Schüler-Dyade übertragen werden können. Die Schule als Entwicklungs- und Erziehungskontext sollte zum expliziten Gegenstand empirischer Schulforschung gemacht werden. An diese Forderung knüpft die vorliegende Untersuchung an, indem sie durch den Vergleich der Beurteilung sozialer Regelübertritte gegenüber Eltern und Lehrkräften, spezifische Determinanten des Kontextes Schule identifizieren möchte.

Um die Ausgangsfrage nach den Unterschieden in der Beurteilung sozialer Regelbrüche gegenüber Lehrkräften und Eltern durch Schülerinnen und Schüler empirisch beantworten zu können, wurden jeweils 8 Schülerinnen und 8 Schüler der Klassenstufen sechs, neun und zwölf eines Gymnasiums aus dem Raum Karlsruhe befragt. Im Rahmen eines halbstandardisierten Interviews wurden ihnen hypothetische Regelübertritte vorgegeben, die sie hinsichtlich der Aspekte „Akzeptanz" und „Gefühl bei einem Regelbruch" beurteilen sollten. Es wurden jeweils zwei Items pro Domäne formuliert. Tabelle 5 gibt einen Gesamtüberblick über die entsprechenden Regelübertritte (Items) und deren Domänenzuordnung, während Abbildung 2 die konkreten Fragen des halbstandardisierten Interviewleitfadens anhand des moralischen Regelübertritts „Lügen" exemplarisch veranschaulicht.

Tabelle 5: Regelübertritte in den einzelnen Domänen

Domäne	Regelübertritte
Moral	Lehrkraft belügen
	Eltern belügen
	Lehrkraft gegenüber ein Versprechen brechen
	Eltern gegenüber ein Versprechen brechen
Konvention	Bei Klassenarbeiten abschreiben
	Den Eltern gegenüber behaupten, man hätte Hausaufgaben gemacht, obwohl man es nicht getan hat
	Zu spät zum Unterricht kommen
	Zu spät heimkommen
Persönliche Angelegenheit	Sich im Unterricht kleiden, wie man möchte, obwohl Lehrkraft dagegen ist
	Sich bei einem Familienfest kleiden, wie man möchte, obwohl Eltern dagegen sind
	Sich in der Schule neben Freund/in setzen, obwohl Lehrkraft dagegen ist
	Sich Freund/in aussuchen, obwohl Eltern nicht einverstanden sind

Abbildung 2: Fragen des Interviewleitfadens für Schülerinnen und Schüler und die erfassten Beurteilungsdimensionen

- Ist es in Ordnung, Deine Lehrer/in „zu belügen"?
  (Akzeptanzebene/ Regelgehorsam)
- Warum/warum nicht?
  (Begründungsebene)
- Wie fühlst Du Dich, wenn Du Deine Lehrer/in „belügst"?
  (Emotionale Ebene)

Die Darstellung fokussiert im Folgenden die Ergebnisse für die Domäne Moral (eine umfassende Beschreibung der Ergebnisse in allen Domänen findet sich bei Latzko, 2001). Leitend bei der Auswertung war die oben entwickelte Vermutung, dass Schülerinnen und Schüler einen Regelübertritt in der Domäne Moral signifikant häufiger gegenüber Lehrkräften als gegenüber Eltern akzeptieren.

In einem 2x3x3-faktoriellen (Kontext x Domäne x Alter) varianzanalytischen Design wurde geprüft, ob die aufgestellte Vermutung zutrifft. Dabei wurde der Faktor Kontext über Eltern und Lehrkräfte operationalisiert, die Domänen entsprechend der Domänentheorie und das Alter über die drei Klassenstufen. Datengrundlage für die statistische Analyse waren die Interviewantworten der Schülerinnen und Schüler auf die Frage zum Regelgehorsam. Diese wurden inhaltsanalytisch ausgewertet (vgl. Mayring, 2003) und den Antwortkategorien „Akzeptanz des Regelbruchs", „eingeschränkte Akzeptanz" und „keine Akzeptanz" zugeordnet. Die inhaltlichen Antwortkategorien wurden numerisch kodiert (1; 0,5; 0), um sie einer varianzanalytischen Prüfung zugänglich machen zu können. Die auf diese Weise ermittelten Mittelwerte zur Akzeptanz von Regelübertritten in der Domäne Moral über die Gesamtstichprobe und getrennt nach Klassenstufen sind den Abbildungen 3 bzw. 4 zu entnehmen. Es ergab sich ein signifikanter Haupteffekt für den Faktor Kontext: $F(1) = 6.472$, $p < .002$, der dafür spricht, dass Jugendliche einen moralischen Regelübertritt signifikant häufiger gegenüber Lehrkräften ($M = 0.25$; $SD = 0.23$) als gegenüber

Eltern (M = 0.14, SD = 0.17) akzeptieren. Unter Rückgriff auf die signifikante Interaktion Klassenstufe x Kontext [F (3) = 3.698, p< .008)] lässt sich das Gesamtergebnis dahingehend differenzieren, dass lediglich Schülerinnen und Schüler der Klassenstufen neun und zwölf einen moralischen Regelübertritt häufiger gegenüber Lehrkräften akzeptieren. Sechstklässlerinnen und Sechstklässler machen dagegen keine Unterschiede. Somit trifft die postulierte Annahme, dass Schülerinnen und Schüler einen Regelübertritt in der Domäne Moral signifikant häufiger gegenüber Lehrkräften als gegenüber Eltern akzeptieren, lediglich für die Klassenstufen neun und zwölf zu.

Abbildung 3: Mittelwerte der Akzeptanz von Regelübertritten in der Domäne Moral über die Gesamtstichprobe

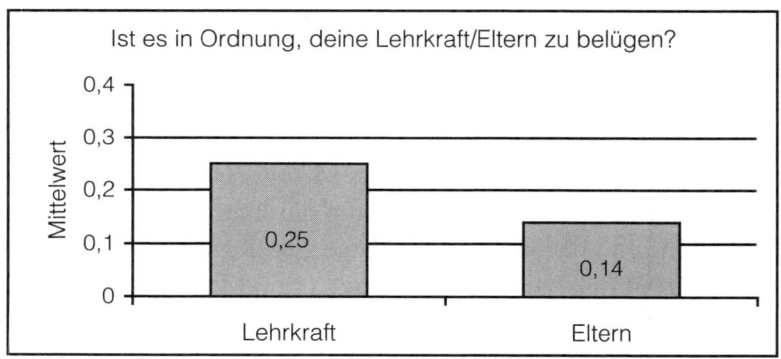

Abbildung 4: Mittelwerte der Akzeptanz von Regelübertritten in der Domäne Moral getrennt nach Klassen

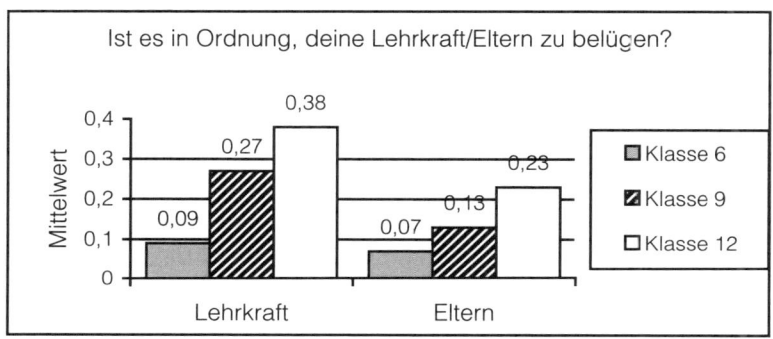

Um den Befund aus Abbildung 4, die höhere Akzeptanz moralischer Regelübertritte gegenüber Lehrerinnen und Lehrer, erklären zu können, wurden in einem weiteren Auswertungsschritt die Begründungen auf Itemebene analysiert. Die Antworten der Schülerinnen und Schüler auf die Interviewfragen *„Warum ist es in Ordnung, Deine Eltern bzw. Deine Lehrkraft zu belügen?"* und *„Wie fühlst Du Dich, wenn Du Deine Eltern bzw. Lehrkraft belügst?"* wurden inhaltsanalytisch ausgewertet. Entsprechend den Domänen wurden a-priori Indikatoren für die Zuordnung zu den Antwortkategorien „moralische Begründung", „konventionelle Begründung" und „persönliche Begründung" abgeleitet. Der Vergleich der Argumente, die im Elternhaus und in der Schule für und wider das Lügen angeführt werden, ergab folgende inhaltliche Differenzierung: Im Elternhaus wird das Lügen von 81% aller Schülerinnen aus moralischen Gründen nicht akzeptiert und selbst die Akzeptanz einer Lüge wird in 23% aller Fälle moralbezogen begründet, „ich möchte nicht, dass meine Mama sich unnötig sorgt" (Vp16). Argumente der Domäne Konvention, die das Lügen aus Angst vor einer Strafe rechtfertigen, bestimmen weitere 23% der Begründungen im Kontext Elternhaus, die restlichen 54% verweisen auf das Konzept der Notlüge, die in den Augen der Schülerinnen „keine richtige Lüge" (Vp 8) ist. Das Belügen der Lehrkraft wird lediglich in 37 % bzw. 23% aller Fälle unter Rückgriff auf moralische oder konventionelle Argumente abgelehnt. Für die Akzeptanz einer Lüge im Kontext Schule werden dagegen keine moralischen oder konventionsbezogenen Begründungen angeführt. Vielmehr verweisen die Schülerinnen und Schüler auf die Erfahrung ausbleibender Konsequenzen oder die fehlende zwischenmenschliche Bindung zwischen Schülerin bzw. Schüler und Lehrkraft. Die Interviewzitate in Tabelle 6 erläutern beispielhaft, die neu gewonnenen Antwortkategorien zur Beschreibung der Antworten, warum Schülerinnen und Schüler es in Ordnung finden, ihre Lehrerinnen und Lehrer zu belügen.

Tabelle 6: Antwortkategorien und Interviewbeispiele zur Akzeptanz einer Lüge gegenüber Lehrkräften

Antwortkategorie	Interviewbeispiele
Fehlende zwischenmenschliche Bindung	„Weil ich will mit dem Lehrer ja nicht zusammen leben, also den sehe ich ja nur in der Schule" (Vp29).
	„Zum Lehrer hat man keine menschliche Beziehung" (Vp48).
Ausbleibende Konsequenzen	„Es hat kaum Auswirkungen, wenn man ihn belügt" (Vp35).
	„Bei Lehrern, das trägt einem auch keiner nach" (Vp41).

Auf die Frage, welche Gefühle mit dem Regelübertritt Lügen verbunden werden, antworten die Jugendlichen ebenfalls differenziert. Das Belügen der Eltern verursacht bei 96% negative Gefühle, beispielsweise ein schlechtes Gewissen. Beim Belügen der Lehrer geben lediglich 73% negative Gefühle an, während 27% berichten, dass es ihnen egal ist. Solche eher neutralen Gefühle werden in Zusammenhang mit den Eltern nur in 4% der Fälle berichtet. Explizit positive Gefühle werden dagegen weder gegenüber den Lehrkräften noch den Eltern berichtet.

Anschließend wurde im Rahmen einer quantitativen Erhebung geprüft, ob sich das Ergebnis auf der Akzeptanzebene, d.h. hinsichtlich des Regelgehorsams, an einer größeren Stichprobe replizieren lässt. Dazu bearbeiteten 52 Schülerinnen und Schüler einer Mittelschule und 128 eines Gymnasiums in Leipzig einen Fragebogen, der die Akzeptanz der Regelübertritte abfragt, die auch Gegenstand der Interviewerhebung waren (siehe Tabelle 3). Die Jugendlichen hatten die Möglichkeit, ihr Urteil auf einer 4-stufigen Skala einzuordnen. Bei der Auswertung der Zustimmung zu Regelbrüchen wurden die Antworten zu den Kategorien „Ja, ist in Ordnung" und „Nein, ist nicht in Ordnung" zusammengefasst. Tabelle 7 gibt einen differenzierten Einblick in die Zusammensetzung der Gesamtstichprobe. Da es für die Klassenstufe 12 des Gymnasiums keine Entsprechung auf der Mittelschule gibt, ergibt sich folgendes Verhältnis für die Gesamtstichprobe: 68 Schülerinnen und Schüler der Klassenstufe 6, 72 der Klassenstufe 9 und 40 der Klassenstufe 12 haben an der schriftlichen Befragung teilgenommen. Jungen und Mädchen waren annähernd gleich verteilt. Tabelle 7 zeigt die prozentuale Häufigkeitsverteilung der Zustimmung zur Frage *„Ist es in Ordnung, Deine Lehrkraft bzw. Eltern zu belügen?"* im Überblick.

Tabelle 7: Absolute und relative Häufigkeitsverteilung der Akzeptanz einer Lüge gegenüber der Lehrkraft und den Eltern

Schultyp	Klassenstufe	N	Lehrkraft belügen				Eltern belügen			
			JA		NEIN		JA		NEIN	
			f	%	f	%	f	%	f	%
Gymnasium	6	40	0	0	40	100,0	1	2,5	39	97,5
	9	48	25	52,1	23	48,9	14	29,2	34	70,8
	12	40	21	52,5	19	47,5	7	17,5	33	82,5
Mittelschule	6	28	8	29,6	17	63,0	4	14,8	23	85,2
	9	24	7	29,2	17	70,8	1	4,2	23	95,8

Tabelle 7 verdeutlicht, dass die Befunde der Fragebogenerhebung die Ergebnisse der Interviewerhebung stützen. Hier zeichnet sich ebenfalls der Trend ab, dass moralische Regelübertritte gegenüber Lehrkräften insgesamt häufiger akzeptiert werden und die Zustimmung mit der Klassenstufe ansteigt.

Mit Blick auf die steigende Akzeptanz von Regelübertritten mit zunehmender Klassenstufe wurde zusätzlich eine Gruppe von insgesamt 63 Grundschulkindern aus Hamburg, Berlin und Singen untersucht. Dazu wurde das Erhebungsinstrument der vorangegangenen Studien entsprechend der Alterklasse leicht modifiziert. Je nach Leseverständnis half die Versuchleiterin den Kindern beim Ausfüllen des Fragebogens, der in Einzeluntersuchungen vorgegeben wurde. Die Auswertung der Fragebögen ergab, dass sich die Schülerinnen und Schüler der dritten Klasse übereinstimmend gegen das Belügen von Erwachsenen, d.h. von Eltern oder Lehrkräften, aussprechen. Überdies akzeptieren die Drittklässlerinnen und Drittklässler auch in den übrigen Domänen keine Regelübertritte – bis auf eine Ausnahme: Sie finden es lediglich in Ordnung, sich eine Freundin bzw. einen Freund auszusuchen oder sich bei Familienfesten so zu kleiden, wie sie möchten, auch wenn die Eltern nicht einverstanden sind. In der Schule dagegen werden auch in der Domäne Persönliche Angelegenheiten keine Regelübertritte gegenüber der Lehrkraft akzeptiert, d.h. in den Augen der Grundschulkinder dürfen Lehrerinnen und Lehrern auch über die Wahl der Kleidung und die Sitzordnung im Klassenzimmer bestimmen. Dieser Befund legt die Vermutung nahe, dass Grundschulkinder die Autorität der Lehrerinnen und Lehrer uneingeschränkt akzeptieren und erst mit zunehmendem Alter die Lehrerautorität in Frage zu stellen beginnen. Inwieweit die Sozialisation in der Schule dafür verantwortlich gemacht werden kann oder ob es sich hierbei um ein Ergebnis fortschreitender kognitiver Entwicklung handelt, das müssen weiterführende Untersuchungen erst zeigen.

Alle 228 Schülerinnen und Schüler der Klassenstufen sechs (n=84), neun (n=88) und zwölf (n=56) der dargestellten Interview- und Fragebogenerhebung wurden zusätzlich nach realen Regelübertritten im Schulalltag gefragt. Dadurch wurde das Ziel verfolgt, Informationen über die Regelpraxis in der Schule zu gewinnen. Abbildung 5 zeigt die relative Häufigkeit der angegebenen Überschreitungen auf die Frage *„Und Du, welche Regelübertritte hast Du in der letzen Woche begangen? Hast Du beispielsweise Deine Lehrkraft belogen? Warum?"*. Dabei beziehen sich die Prozentangaben auf die Gesamtzahl der für eine Klassenstufe angegebenen Regelübertritte. Die Schülerinnen und Schüler der Klassenstufe sechs berichteten im Durchschnitt zwei Übertritte, die der neunten und zwölften Klasse dagegen vier. Insgesamt wurden auf der Klassenstufe sechs 162, auf der Klassenstufe neun 332 und auf der Klassenstufe zwölf 283 Angaben gemacht. Das Ergebnis spricht dafür, dass Regelübertritte im Schulalltag mit dem Alter zunehmen. Allerdings verändern sich auch die Inhalte der Regelbrüche: Abbildung 5 zeigt, dass die Regelübertritte „auf dem Gang herumrennen" und „während des Unterrichts reden" weitaus häufiger von Schülerinnen und Schülern der Klasse sechs (18,5% bzw. 27,8%) als von Schülerinnen und Schülern der Klasse zwölf (9,9% bzw. 13,1%) genannt wurden. Circa 12% der Schülerinnen und Schüler der Klassenstufe neun und zwölf gaben an, bei einer Klassenarbeit abgeschrieben oder die Lehrkraft belogen zu haben, dagegen sprachen 4,9% bzw. 7,4% der Jugendlichen auf Klassenstufe sechs diese Übertritte an. Über alle Klassenstufen hinweg wurde mit nahezu gleicher Häufigkeit „zu spät kommen" genannt, „Schwänzen" dagegen fast ausschließlich von Jugendlichen der Klassenstufe zwölf. Die Analyse der Begründungen, warum eine Regel übertreten wurde, ergab deutliche Unterschiede zwischen den Klassenstufen. Während die Sechstklässlerinnen und Sechstklässler überwiegend Gründe angaben, die sie nicht selbst zu verantworten hatten, argumentierten die Zwölftklässlerinnen und Zwölftklässler aus Überzeugung, das für sie Richtige getan zu haben. Sie gaben beispielsweise an, selbst entscheiden zu wollen, ob der Unterricht oder das Schwänzen sinnvoller für sie sei. An diesen Ergebnissen lässt sich ablesen, dass demselben Regelübertritt auf unterschiedlichen Klassenstufen eine unterschiedliche Bedeutung zukommt und deshalb ein differenziertes Verhalten der Lehrkräfte gefordert ist. Im Zuge der Autonomieentwicklung im Jugendalter stellen sich Regelübertritte mit zunehmendem Alter als das Ausprobieren selbstbestimmter Bereiche dar. Deshalb ist es für Lehrkräfte unverzichtbar, auch im schulischen Leben Möglichkeiten für Schülerinnen und Schüler einzuräumen, eigenverantwortlich zu entscheiden und zu handeln.

Abbildung 5: Relative Häufigkeiten von realen Regelübertritten

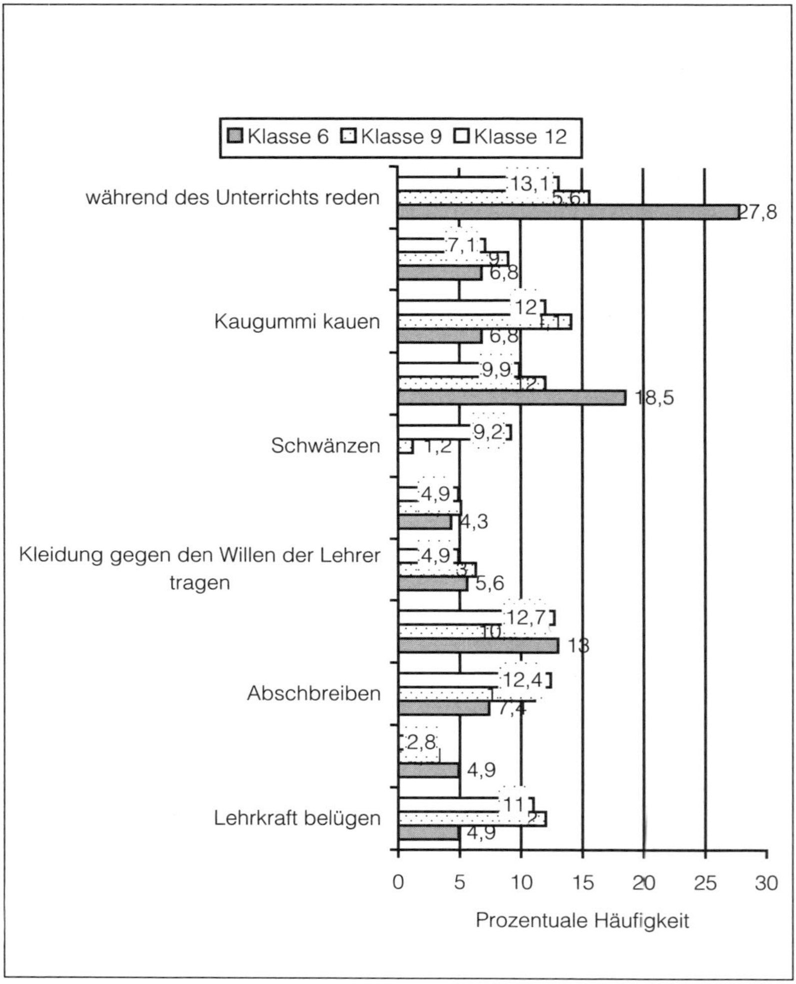

Studie 2: Wahrnehmung von Lehrkräften in Überschreitungssituationen

Anknüpfend an die bislang referierten Ergebnisse verfolgt diese Studie das Ziel, erste Ursachen für die unterschiedliche Akzeptanz von Regelübertritten und den entsprechenden erzieherischen Autoritäten zu identifizieren. Die Arbeiten von Turiel und Smetana (vgl. Kap. 2.2; Smetana & Daddis, 2002) konnten zeigen, dass Eltern differenziert auf Regelübertritte unterschiedlicher Domänen reagieren und auf diese Weise die Entwicklung unterschiedlicher Regelkonzepte fördern. Die Ergebnisse der oben dargestellten Interviewstudie deuten darauf hin, dass Schülerinnen und Schüler den Übertritt einer moralischen Regel in der Schule jedoch ohne Konsequenzen erleben. An diesem Punkt knüpft die vorliegende Studie an und geht der Frage nach, ob Jugendliche die Folgen auf dieselben Regelübertritte zu Hause und in der Schule unterschiedlich wahrnehmen. Es wird vermutet, dass – in der Wahrnehmung der Jugendlichen – Lehrkräfte im Vergleich zu Eltern Regelübertritte weniger konsequent verfolgen und auf moralische Regelübertritte nicht domänenadäquat, beispielsweise mit erklärenden Gesprächen, reagieren.

Um die Hypothesen empirisch zu prüfen wurde einer Stichprobe von 22 Schülerinnen und Schülern der Klassenstufe sechs und 25 Schülerinnen und Schülern der Klassenstufe neun einer Mittelschule in Leipzig ein Fragebogen zur Bearbeitung vorgelegt. Der Fragebogen enthielt jeweils zwei Items der Domänen Moral, Konvention und Persönliche Angelegenheit im Kontext Schule und Elternhaus. Die Schülerinnen und Schüler sollten die von ihnen erlebten Konsequenzen seitens der Eltern und Lehrerkräfte auf die vorgegebenen Regelübertritte auf einer fünf-stufigen Antwortskala (siehe Abbildung 6) einschätzen. Abbildung 6 gibt die Häufigkeitsverteilung der wahrgenommenen Reaktionen auf den moralischen Regelübertritt Lügen für die Gesamtstichprobe wider.

Abbildung 6 zeigt, dass Lehrerkräfte in den Augen der Jugendlichen häufiger als Eltern dem moralischen Regelübertritt Lügen keine Beachtung schenken (15% vs. 8%). Wenn von Seiten der Lehrkraft eine Reaktion folgt, handelt es sich überwiegend um Ermahnungen (34%) oder ernste Gespräche (34%), sehr harte Folgen werden dagegen nur als Reaktion von Eltern wahrgenommen. Zudem geben Jugendliche an, häufiger mit Eltern (43%) als mit Lehrkräften (34%) ein ernstes Gespräch über das Lügen zu führen.

Abbildung 6: Häufigkeitsverteilung der wahrgenommenen Reaktion auf den moralischen Regelübertritt „Lügen" für die Gesamtstichprobe (n = 47)

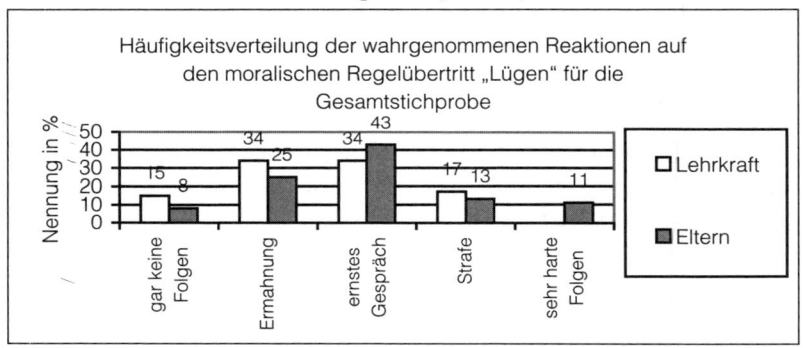

Folgt man den Jugendlichen, scheinen Lehrkräfte im Unterschied zu Eltern seltener auf moralische Regelübertritte zu reagieren, was die hohe Akzeptanz von Regelbrüchen im Kontext Schule erklären könnte. Auch die zweite Vermutung, dass Lehrkräfte nicht differenziert auf Regelübertritte der unterschiedlichen Domänen reagieren, wird durch die Befunde bestätigt. Dieser Umstand führt möglicherweise dazu, dass Jugendliche im Kontext Schule keine differenzierten Regelkonzepte ausbilden bzw. für moralische Aspekte nicht ausreichend sensibilisiert werden.

Studie 3: Nennung und Begründung konkreter Autoritätspersonen

Die bisher dargestellten Resultate sollen in diesem Abschnitt durch die Präsentation von Daten aus einem Forschungsprojekt ergänzt werden, das den direkten Zugang zur Beantwortung der Frage gewählt hat, ob Schülerinnen und Schüler ihre Lehrerinnen und Lehrer als Autoritätspersonen anerkennen. Die Legitimation der Lehrerautorität durch administrative Verordnungen, d.h. durch Rolle oder Status, ist für die alltägliche Interaktion unerheblich, so lange Schülerinnen und Schüler ihre Lehrkräfte nicht als pädagogische Autoritäten anerkennen. Vor diesem Hintergrund formuliert die vorliegende Studie das Ziel zu analysieren, wen Jugendliche in ihrem Alltag als Autoritätspersonen anerkennen und wie sie die Akzeptanz begründen. Diese Zielstellung impliziert die Annahme, dass in der subjektiven Begriffbestimmung Jugendlicher durchaus Aspekte Eingang finden können, die in der theoretischen Reflexion bislang nicht berücksichtigt wurden. In diesem Zusammenhang soll geprüft werden, welche Kriterien zur Akzeptanz von Autoritätspersonen für die Schülerinnen und Schüler bedeutsam sind.

Die nachfolgend dargestellten Daten wurden im Rahmen einer Magisterarbeit über Lehrerautorität erhoben (Matthäi, 2005). Insgesamt bearbeiteten 210 Internatsschülerinnen und Schüler, die sich annähernd gleich auf die Klassenstufen neun bis zwölf verteilten, einen Fragebogen zur Lehrerautorität. Darin wurden die Schülerinnen und Schüler unter anderem gebeten, konkrete Autoritätspersonen zu nennen und zu begründen, warum sie diese Personen als Autoritäten anerkennen. Abbildung 7 zeigt die Ergebnisse der Analyse der Antworten auf die Aufforderung *„Benenne Autoritätspersonen aus Deinem Leben"*.

Abbildung 7: Prozentuale Häufigkeiten der Nennungen von Autoritätspersonen

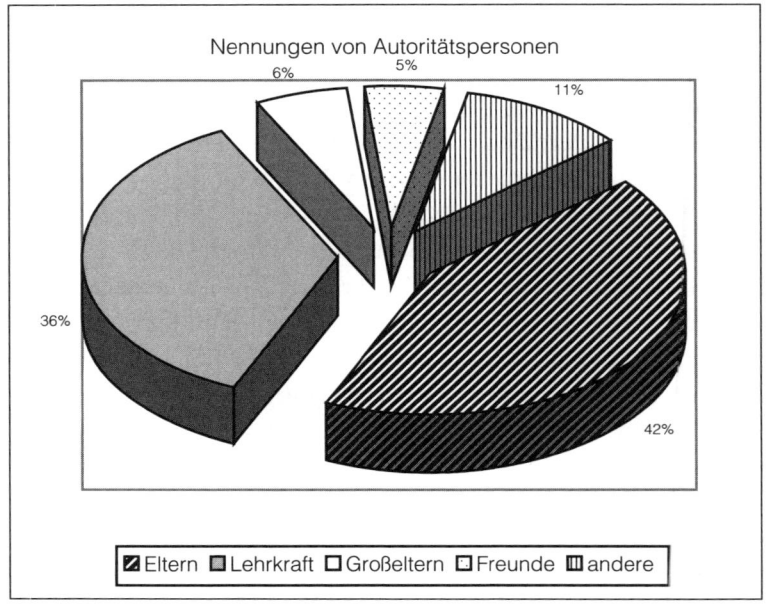

Abbildung 7 zeigt, dass Lehrkräfte (36%) neben den Eltern (42%) am häufigsten als Autoritätspersonen genannt werden. Auf den nachfolgenden Rangplätzen stehen Großeltern (6%) und Freunde (5%). Danach werden vereinzelt Musiklehrer oder prominente Persönlichkeiten aus den Bereichen Kunst, Musik oder Geschichte angegeben, die unter die Antwortkategorie „Andere" (11%) subsummiert werden. Geht man bei der Häufigkeitsanalyse nicht von der Gesamtzahl aller Nennungen, sondern der Anzahl der Schülerinnen und Schüler aus, zeichnet sich das Bild, dass Lehrkräfte als Autoritätspersonen gesehen werden, noch deutlicher ab: 67,6% der 210 Jugendlichen akzeptieren ihre Lehrkraft als subjektiv bedeutsame Autoritätsperson.

22% der Schülerinnen und Schüler betrachten ihre Lehrkraft zwar als Autoritätsperson, geben jedoch keine Begründung an. Die

Argumente, die sie für die Akzeptanz einer Lehrkraft als persönlich bedeutsame Autorität anführen, lassen sich in vier Hauptkategorien zusammenfassen: Vertrauen (26%), Lebenserfahrung (20%), Fachwissen (10%) und Macht (16%). Tabelle 8 veranschaulicht die gewonnenen Begründungskategorien anhand von Interviewbeispielen (weitere Interviewbeispiele sind in Anhang 5 aufgeführt).

Tabelle 8: Interviewbeispiele für die einzelnen Begründungskategorien zur Akzeptanz der Lehrerautorität

Antwortkategorie	Interviewbeispiele
Lebenserfahrung	„Haben Lebenserfahrung, die sie glaubhaft macht." (Vp67)
Fachwissen	„Sie sind Spezialisten." (Vp47)
Vertrauen	„Ich kann ihnen vertrauen." (Vp108)
	„Die mich in meiner Meinung akzeptieren und darauf aufbauend mit mir arbeiten wollen." (Vp50)
Macht	„Da sie leider die meiste Zeit meines Lebens über mich bestimmen und so Macht über mich und über meine Zukunft haben." (Vp196)
	„Denn sie haben einen doch immer in der Hand, da sie einfach mehr Macht haben." (Vp88)

Obwohl der Aspekt, warum eine Lehrkraft keine Autorität darstellt, nicht systematisch erhoben wurde, äußern einige Schüler im Fragebogen, dass Lehrer „das definitiv nicht sind" (Vp73), weil die Schüler kein Vertrauen zu ihnen haben. Die autoritätsbejahenden Äußerungen und die wenigen negierenden weisen zusammenfassend daraufhin, dass in den Augen der Schülerinnen und Schüler Vertrauen eine wichtige Rolle für die Akzeptanz der Lehrkraft als Autorität spielt. Zudem zeichnet sich die Tendenz ab, dass mit steigender Klassenstufe Argumente, die sich auf Macht beziehen, abnehmen und das gegenseitige Vertrauen an Relevanz gewinnt. Die Argumente machen deutlich, dass Status und Macht allein nicht mehr ausreichen, die Autorität von Lehrkräften zu legitimieren: „Lehrer können zwar Autoritäten sein, müssen aber nicht" (Vp16).

Im Vergleich zu den Argumenten, die in Zusammenhang mit der elterlichen Autorität angeführt werden, zeigt sich, dass Vertrauen als Begründungskategorie über die Kontexte hinweg angeführt wird, ebenso wie Lebenserfahrung. Der Unterschied zwischen Lehrkräften und Eltern besteht darin, dass Lehrkräfte durch den Verweis auf ihr Fachwissen als Autoritäten akzeptiert werden, die elterliche Autorität dagegen in erster Linie mit Erziehung begründet wird. Erziehung als Oberbegriff geht über den Verweis auf ein Vertrauensverhältnis hinaus und beinhaltet Argumente, die kontextspezifische Elemente der Eltern-Kind-Interaktion thematisieren. Die Interviewauszüge in Tabelle 9 verdeutlichen diesen Unterschied exemplarisch. Demnach sind Fachwissen und Erziehung die Bereiche, die ausschließlich die Lehrerautorität bzw. die elterliche Autorität begründen.

Tabelle 9: Interviewbeispiele zur Illustration der Begründungskategorie Erziehung

„Meine Eltern tun sehr viel für mich, und ich denke, man sollte eine Gegenleistung bringen." (Vp67)
„Sie sind die Menschen, die mich von Anfang an erzogen und geformt haben." (Vp70)
„Vor meinen Eltern habe ich am meisten Respekt, denn sie ermöglichen mir sehr viel in meinem Leben." (Vp83)
„Mit denen ich schon lange zusammenlebe und die die Regeln für den Alltag aufgestellt haben." (Vp49)

Zusammenfassend legen die Befunde nahe, dass dem Fachwissen der Lehrkraft zwar eine bedeutende, jedoch nicht die ausschlaggebende Rolle bei der Legitimation ihrer Autorität zukommt. Die Wahrnehmung gegenseitigen Vertrauens scheint für die Schülerinnen und Schüler auch gegenüber ihren Lehrkräften relevant zu sein. Die aufgezeigten Tendenzen hinsichtlich der Klassenunterschiede sollten in nachfolgenden Untersuchungen systematisch geprüft werden. Dabei zeichnet sich der Einbezug autoritätsbejahender und autoritätsnegierender Schülerinnen und Schüler als viel versprechender Weg ab.

Mit Blick auf den Vergleich der Argumente zur Akzeptanz der Lehrer- und der Elternautorität lässt sich resümieren, dass Fachwissen ausschließlich in Verbindung mit Lehrkräften gebracht wird, Erziehung dagegen mit Eltern. Zum jetzigen Forschungsstand bleibt die Frage jedoch weiterhin ungeklärt, ob dieser scheinbar triviale Zusammenhang auf die Schülerinnen und Schüler oder die Lehrkräfte zurückzuführen ist. Einerseits kann vermutet werden, dass Schüler ihren Lehrkräften und Eltern unterschiedliche Kompetenzbereiche zusprechen. Andererseits könnte dieser Befund dafür sprechen, dass Lehrkräfte sich nicht in der Erziehungspflicht sehen und den Schülern gegenüber entsprechend auftreten.

3.2 Soziale Regeln und Lehrerautorität – die Sicht der Lehrerinnen und Lehrer

Nachdem die Schülersicht Gegenstand der bislang präsentierten Studien zum Umgang mit Regeln und der Autorität der Lehrkräfte war, sollen im Folgenden die Lehrerinnen und Lehrer selbst zu Wort kommen. Im Rahmen der einleitend gezeichneten interaktionistischen Perspektive von Autorität rückt die subjektive Sichtweise derjenigen in den Forschungsmittelpunkt, die Autorität beanspruchen. Folglich wird in Analogie zum Vorgehen bei den Schülerinnen und Schülern den Fragen nachgegangen, wie Lehrkräfte die Verletzung eines moralischen Regelübertritts beurteilen und wie sie in der eigenen Wahrnehmung auf Regelübertritte reagieren.

Studie 4: Akzeptanz und Begründung von Regelübertritten

Anknüpfend an die in Kapitel 3.1 berichteten Befunde beleuchtet diese Studie die Sichtweise der Lehrerinnen und Lehrer hinsichtlich Regelübertritten durch Schüler. Anhand des Regelübertritts „Lehrer belügen" wurde der Frage nachgegangen, wie Lehrpersonen einen Übertritt in der Domäne Moral beurteilen. Neben der Akzeptanz und Begründung war von Interesse, inwieweit Lehrkräfte sich in diesem Zusammenhang einem Erziehungsauftrag verpflichtet fühlen.

In Analogie zum Vorgehen bei den Schülerinnen und Schülern (siehe Studie 1) wurden 15 Lehrerinnen und Lehrer im Alter von 45 bis 55 Jahren eines Gymnasiums interviewt. Die Lehrpersonen verfügten im Schnitt über 10 Jahre Berufserfahrung auf allen Klassenstufen. Den Lehrerinnen und Lehrern wurde der Regelübertritt „Lügen" mit der Aufforderung vorgegeben, seine Akzeptanz zu begründen. Der Erziehungsauftrag wurde nicht direkt thematisiert, sondern über eine Frage nach der wahrgenommenen Pflicht und eine Frage, die sich auf die Handlungsebene bezieht, erfasst. Dieses Vorgehen eröffnet die Möglichkeit, die von Schülern wahrgenommenen Konsequenzen auf Regelübertritte (siehe Studie 2) mit der Sicht der Lehrer zu vergleichen. Abbildung 8 zeigt die konkreten Fragen des Interviewleitfadens, die den Lehrkräften hinsichtlich des Regelübertritts „Lügen" gestellt wurden.

Abbildung 8: Fragen des Interviewleitfadens für Lehrkräfte und die erfassten Dimensionen

---
- Ist es in Ordnung, dass Schüler/innen Sie belügen? (Akzeptanz)
- Warum/Warum nicht? (Begründung)
- Sehen Sie sich in der Pflicht, zu verlangen, dass Schüler/innen nicht lügen? (Erziehungspflicht)
- Haben Sie mit ihren Schüler/innen schon einmal ausdrücklich über das Lügen gesprochen? (Erziehungspflicht)

Die Auswertung der Interviewprotokolle der Lehrkräfte (siehe Anhang 6) ergab, dass es lediglich eine Lehrperson in Ordnung findet, von Schülerinnen und Schülern belogen zu werden (6,7%). Ihrer Meinung nach liegt das Problem eher an der Gesellschaft und weniger bei den Jugendlichen. Die übrigen 14 Lehrkräfte sprechen sich mit dem Verweis auf einen Vertrauensmissbrauch definitiv gegen das Lügen aus. 60% der Lehrkräfte sehen sich auch in der Pflicht, zu verlangen, dass Schülerinnen und Schüler nicht lügen. Sie begründen ihre Entscheidung mit ihrem Erziehungsauftrag, Jugendliche zur Ehrlichkeit zu erziehen. Diejenigen, die sich nicht in der Pflicht sehen, gehen davon aus, dass man gesellschaftliche Vereinbarungen voraussetzen kann. Eine Lehrkraft betont in diesem Zusammenhang, dass sich jeder Streit nicht lohnt. Obwohl sich die Mehrzahl in der Pflicht sieht, Schülerinnen und Schüler zur Ehrlichkeit zu erziehen, geben nur zwei Lehrkräfte (13%) an, das Thema Lügen ausdrücklich mit den Schülerinnen und Schülern besprochen zu haben. Dabei wurde das Thema Lügen einmal allgemein und einmal aufgrund eines konkreten Vorfalles diskutiert.

Studie 5: Wie nehmen Lehrkräfte ihr Handeln in Überschreitungssituationen wahr?

Der Befund aus Studie 4, dass Lehrkräfte sich zwar in der Pflicht sehen, Schülerinnen und Schüler zur Ehrlichkeit zu erziehen, Lügen jedoch selten thematisieren, rückt die konkrete Verhaltensebene in den Forschungsmittelpunkt. Entsprechend soll das Verhalten von Lehrkräften in Überschreitungssituationen erkundet werden. Zur Beantwortung der Frage, wie Lehrerinnen und Lehrer auf Regelübertritte reagieren, wurden insgesamt 13 Grundschullehrerinnen und Lehrer gewonnen, die sich bereit erklärten, ihr Verhalten zu beobachten und zu protokollieren. Die Lehrkräfte wurden gebeten, mit Hilfe eines Protokollbogens (siehe Anhang 7) jeweils einen Regelübertritt ihrer Schülerinnen oder Schüler und ihre Reaktionen aufzuzeichnen. Um zu gewährleisten, dass die Bearbeitung aufrichtig und nicht im

Sinne einer sozialen Erwünschtheit erfolgt, wurde den Lehrkräften absolute Anonymität zugesichert. Folglich haben die Lehrkräfte keine demographischen Daten auf den Bögen vermerkt, so dass eine Zuordnung der Protokollbögen zu einzelnen Lehrkräften nicht möglich war.

Bei der Auswertung der Protokollbögen (siehe Anhang 8) waren folgende Fragestellungen leitend: Welche Regelübertritte geben Lehrkräfte an? Lassen sich die Regelübertritte den Domänen nach Turiel zuordnen? Wie reagieren Lehrkräfte auf Übertritte? Das Ergebnis der Auswertung der Protokolle der Lehrerinnen und Lehrer wird in Abbildung 9 zusammengefasst. Da es sich bei der Mehrzahl der Regelbrüche um die Übertretung einer Konvention handelt, werden die Reaktionen der Lehrkräfte nicht differenziert nach Domänen dargestellt. Die Analyse ergibt, dass Lehrkräfte überwiegend mit Ermahnungen auf Überschreitungen durch Schülerinnen und Schüler reagieren (69%). In 23% der Fälle wird die Regel, die übertreten wurde bzw. deren Bedeutung benannt. Explizite Erklärungen über die Auswirkungen der Regelübertritte oder Begründungen und werden kaum gegeben. 8% ignorieren einen wahrgenommenen Regelübertritt.

Die Ergebnisse stützen die Wahrnehmung der Schülerinnen und Schüler, dass auf Regelübertritte im Kontext Studie weder konsequent noch nachdrücklich reagiert wird. Hinsichtlich dieser Komponente deckt sich die Fremd- und Selbstbeobachtung. Mit Hilfe der Verhaltensprotokolle nehmen Lehrerinnen und Lehrer wahr, dass sie weder differenziert auf unterschiedliche Regelübertritte, noch im Sinne der Lernprinzipien des operanten Konditionierens und Modelllernens (siehe Kap. 2.3) auf das Verhalten ihrer Schülerinnen und Schüler reagieren.

Abbildung 9: Reaktion der Lehrkräfte auf einen Regelbruch

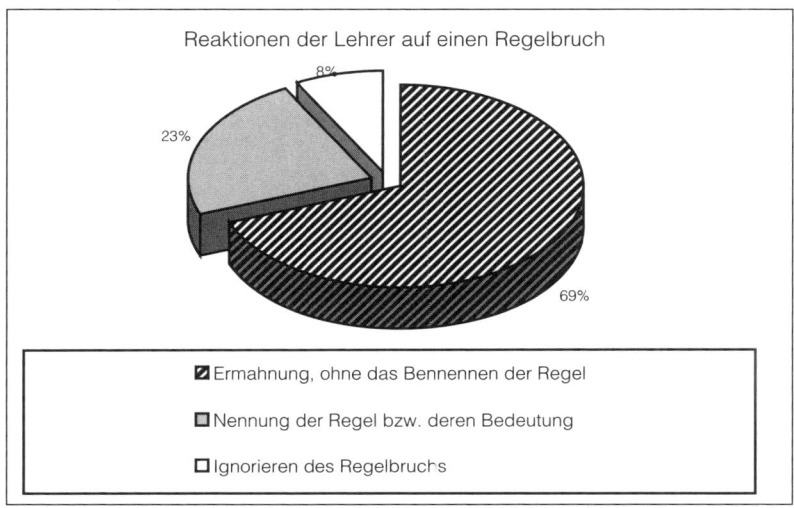

3.3 Implikationen für den Umgang mit sozialen Regeln

Insgesamt können die Befunde der empirischen Untersuchungen dahingehend interpretiert werden, dass Jugendliche Lehrerinnen und Lehrer im Gegensatz zu Eltern nicht als Erziehende erleben. Einerseits könnte sich hier die Einstellung widerspiegeln, dass Erziehung primär Aufgabe des Elternhauses ist und folgerichtig Lehrkräfte nicht als erzieherische Autorität akzeptiert werden. Andererseits kann die Ursache auch im konkret erlebten Verhalten von Lehrpersonen liegen: Fühlen sich Lehrkräfte für primär erzieherische Angelegenheiten nicht zuständig, zeigen sie das auch auf Handlungsebene und vermitteln den Schülerinnen und Schülern dadurch, auf diesem Gebiet keine Autorität zu beanspruchen.

Lehrkräfte, die sich im Rahmen von Workshops zur Lehrerautorität mit den hier berichteten Befunden kritisch auseinandergesetzt haben, geben bei der Interpretation der Daten zusätzlich zu bedenken, dass ihnen teilweise die „Hände gebunden" sind. Der Schulkontext, insbesondere die juristische Ebene, verhindert ihrer Meinung nach in einigen Zusammenhängen ein konsequentes Reagieren auf Regelübertritte. Vor diesem Hintergrund unterstreichen die Ergebnisse das viel zitierte Argument, dass Lehrkräfte kaum noch Möglichkeiten haben, „Schüler nachhaltig zur Ordnung zu rufen" (Giesecke, 1998, S. 72). Inwieweit dieses Argument tatsächlich zutrifft, sollte differenziert betrachtet und in weiteren Forschungsarbeiten empirisch geprüft werden. Es kann allzu leicht dazu verleiten, sich aus der Erziehungsverantwortung zu stehlen (vgl. Ahrbeck, 2004), denn Erziehung von Kindern und Jugendlichen ist anstrengende Herausforderung. Gerade die Studien mit Lehrerinnen und Lehrern, die das konkrete Verhalten in schwierigen Alltagssituationen thematisieren, deuten darauf hin, dass fehlende Erziehungskompetenzen stärker ins Gewicht fallen als administrative Begrenzungen. Auf der vorliegenden Datenbasis kann die Forderung postuliert werden, Lehrkräfte stärker im Umgang mit sozialen Regeln auszubilden. Den gängigen Perspektiven „Autorität haben" und „Autorität sein" kann demnach eine weitere hinzugefügt werden: „Autorität lernen". Bleibt dieser Ansatz nicht darauf beschränkt, Disziplinierungsmaßnahmen, sondern eine pädagogische Haltung, zu vermitteln, eröffnen sich für angehende und junge Lehrerinnen und Lehrer konstruktive Möglichkeiten, Kompetenzen zu erwerben, um von Schülerinnen und Schülern als erzieherische Autorität akzeptiert zu werden. Eine Lehrer-Schüler-Beziehung, die sich durch gegenseitigen Respekt auszeichnet, bildet wiederum den Grundstein, die Werteerziehung der Jugendlichen zu befördern.

4. Schlussfolgerungen für den Schulalltag – Was können wir konkret machen?

Im folgenden Kapitel werden die Kernaussagen aus den theoretischen Grundlagen und empirischen Befunden zusammenfassend dargestellt, um Schlussfolgerungen für eine Werteerziehung an Schulen ableiten und diskutieren zu können. Die Befunde der Erziehungsstilforschung, die Theorien zur Regelentwicklung und die lerntheoretische Perspektive haben in ihrer Gesamtheit zahlreiche Möglichkeiten aufgezeigt, wie die Werteentwicklung von Schülerinnen und Schülern im schulischen Kontext gefördert werden kann.

Eine Werteerziehung, die darauf abzielt, die Werteentwicklung zu fördern, kommt nicht ohne die Formulierung von Erziehungszielen aus. An erster Stelle sollten demnach die Reflexion persönlicher Werte und der Austausch mit den Kolleginnen und Kollegen stehen. Pädagogische Tage bieten beispielsweise geeignete Freiräume, darüber ins Gespräch zu kommen. Es kann aber nicht darauf verzichtet werden, auch im regulären Schulalltag die eigenen Ziele bewusst zu reflektieren. Nur auf diese Weise können Lehrkräfte professionelles Handeln aufbauen, anstatt von unbewussten Ideen geleitet zu werden.

Es sollte deutlich geworden sein, dass Werteerziehung von Jugendlichen weniger die Vermittlung von konkreten Inhalten bedeutet, sondern die Vermittlung der Fähigkeit, sich kritisch mit unterschiedlichen Werten auseinandersetzen und dabei eine begründete, eigene Position einzunehmen zu können, die die Bedürfnisse der Mitmenschen respektiert: die Fähigkeit zur Rollenübernahme, zur

Übernahme der Perspektive der Anderen – sowohl auf kognitiver als auch auf emotionaler Ebene – sind dabei die Schlüsselkompetenzen, die es zu fördern gilt. Zahlreiche Studien (siehe bspw. Arsenio & Lemerise, 2004; Krettenauer & Eichler, in press; Miller & Eisenberg, 1988) in unterschiedlichen psychologischen Disziplinen haben nachgewiesen, dass Kinder mit erhöhtem aggressiven Verhalten, mit erhöhter Gewaltbereitschaft in Konfliktlöseprozessen sowie delinquente Jugendliche, selten moralische Gefühle wahrnehmen, wenig empfänglich für die Situation der Opfer sind und selten über sozial angemessene Modelle verfügen. In diesem Zusammenhang sprechen schon die frühen Arbeiten von Hoffmann zur Internalisierung von moralischen Normen (1967) als auch aktuelle Befunde aus Evaluationsstudien, die die Wirksamkeit der Empathieförderung im Kontext Schule prüfen (bspw. Schick, 2004), nachhaltig für die Ausbildung moralischer Gefühle.

Dabei zeigen die Erziehungsstilforschung und die Theorien zur Regelentwicklung übereinstimmend auf, dass die „Teilnahme am sozialen Leben" die zentralen Wirkmechanismen in Gang setzen. Obwohl die theoretische Perspektive und die Terminologie unterschiedlich sind, gleichen sich die Annahmen der autoritativen Erziehung und die der Moralentwicklung: Bei der Erziehung im Allgemeinen und der Werteerziehung im Besonderen sollten Kinder und Jugendliche in Entscheidungsprozesse einbezogen werden. Erzieher sollten differenziert auf Regelübertritte eingehen. Die Auswirkungen von Überschreitungen auf die Umwelt sollten ihnen auf kognitiver und emotionaler Ebene deutlich gemacht werden. Die Einhaltung von Regeln sollte bestimmt eingefordert werden. Diese allgemein gehaltenen Hinweise müssen in der Umsetzung der spezifischen Situation und dem Entwicklungsstand der Kinder und Jugendlichen angepasst werden. Die Impulse, die die lerntheoretischen Grundlagen geben, unterstützen das konkrete Erziehungsverhalten und führen uns die Auswirkungen inkonsequenter Erziehung und fehlender Modelle deutlich vor Augen. Mit Hilfe der Beobachtungsprotokolle im Anhang können Lehrkräfte ihr eigenes Verhalten optimieren. Konkrete didaktische Hinweise, wie beispielsweise die Empathiefähigkeit gefördert werden kann, zeigt das überzeugend evaluierte FAUSTLOS-Curriculum von Cierpka (2005), das auch im Internet unter http://www.faustlos.de nachgelesen werden kann.

Neben den konkreten erzieherisch-didaktischen Kompetenzen, müssen Lehrerinnen und Lehrer jedoch über die Grundeinstellung verfügen, dass Werteerziehung mehr umfasst als ein eigens dafür konzipiertes Unterrichtsfach. Die Werteerziehung und Wertevermittlung von der alltäglichen Interaktion zu isolieren, widerspricht allen pädagogisch-psychologischen Erkenntnissen. Dieses Fazit aus den theoretischen und empirischen Betrachtungen sei abschließend anhand des Eingangs erwähnten Beispiels eines Schülers, der zu spät zum Unterricht kommt, illustriert: Die Lehrkraft kann dem Schüler die Auswirkungen seines Verhaltens für alle Mitglieder der Klasse aufzeigen. Der Unterricht wird gestört, die Aufmerksamkeit richtet sich auf denjenigen, der zu spät kommt, die Lehrperson verliert ihren Faden, usw. Gleichzeitig könnte dem Schüler und der Klasse Verständnis dafür signalisiert werden, dass es sicherlich viele Gründe gibt, zu spät zu kommen. Die Frage, wie zukünftig damit umgegangen wird, kann dem Schüler bzw. der Klasse übertragen werden. Je nach sozialen Kompetenzen der Schülerinnen und Schüler könnte die Lehrkraft auch eine Kompromisslösung vorgeben, die sie ja im Vorfeld ausreichend begründet und für alle transparent gemacht hat. Beispielsweise gibt es Lehrkräfte, die die Tür nach 15 Minuten abschließen. Andere dulden das Zu-Spät-Kommen, wenn darauf geachtet wird, dass der Platz in der Klasse leise und unbemerkt eingenommen wird. Es wird viele unterschiedliche Möglichkeiten geben, mit dem Zu-Spät-Kommen umzugehen, wenn Lehrerinnen und Lehrer beginnen, gemeinsam mit ihren Schülerinnen und Schülern und Kolleginnen und Kollegen Lösungen zu entwickeln. Die Alternativen in dem aufgezeigten Beispiel geben sicherlich Anlass zur Diskussion von Grenzen und Schwierigkeiten, die an dieser Stelle nicht vertieft werden sollen.

Das Beispiel soll in erster Linie verdeutlichen, dass nicht das „Was" sondern das „Wie" im Mittelpunkt einer Werteerziehung steht, wie sie auf der Grundlage der dargestellten theoretischen Ansätze und empirischen Befunde gezeichnet wird. Nicht Pünktlichkeit als solche steht im Zentrum des Beispiels, sondern die Auseinandersetzung mit den unterschiedlichen Perspektiven. Nichtsdestotrotz wird durch ein solches Vorgehen oftmals auch „Pünktlichkeit" durch Einsicht erreicht. Würde eine Lehrkraft das Zu-Spät-Kommen nur nebenbei mit einem flapsigen Spruch kommentieren, hat der Schüler nicht die Möglichkeit, ein Verständnis für den Sinn der Regel zu entwickeln. Dabei geht es nicht darum, endlose Diskussionen mit der Klasse zu führen. Das präzise Aufzeigen der Folgen und Begründen des eigenen Verhaltens schafft Transparenz, nimmt wenig Unterrichtszeit in Anspruch und ist mit Blick auf die Werterziehung effektiv. Letztendlich wird die Diskussion um die Erziehungs- oder Bildungsfunktion von Schulen überflüssig, wenn man verinnerlicht hat, dass beides eine untrennbare Einheit bildet: Lernen funktioniert nicht ohne Erziehung und Erziehung nicht ohne Lernen. Deshalb sollte Werteerziehung nicht nur im Rahmen von Beschlüssen postuliert, sondern auch im Lehramtsstudium etabliert werden.

- Nehme ich neben dem Bildungsauftrag einen Erziehungsauftrag wahr?

- Wie gehe ich in meiner Klasse mit sozialen Regeln um?

- Stelle ich explizit ein Regelsystem auf?

- Gebe ich Regeln vor?

- Erarbeite ich Regeln mit der Klasse?

- Ahnde ich Regelübertritte konsequent?

- Mache ich die Konsequenzen von Überschreitungen für die Betroffenen deutlich?

- Zeige ich alternative Handlungsmodelle auf?

- Inwieweit billige ich den Schülerinnen und Schülern eigene Entscheidungsräume zu?

- Bin ich mir über die Bedeutung von Regelverletzungen und den damit verbundenen Konflikten bewusst?

- Erkenne ich die Entwicklungskomponente von Regelverletzungen oder werte ich sie als Angriff gegen meine Person?

Literatur

Ahrbeck, B. (2004). Kinder brauchen Erziehung. Die vergessene pädagogische Verantwortung. Stuttgart: Kohlhammer.
Althof, W. (1996). Eine Schule geht neue Wege – Schule als gerechte und fürsorgliche Gemeinschaft gestalten. Momentaufnahmen aus einem Schulprojekt an der Primarschule Frenke in Liestal. Videodokumentation. Fribourg: Pädagogisches Institut der Universität.
Althof, W. (2003). Implementing „Just and Caring Communities" in Elementary Schools: A Deweyan Perspective. In W. Veugelers & F. K. Oser (Hrsg.), Teaching in Moral and Democratic Education (S. 153-172). Bern: Peter Lang.
Arsenio, W.F. & Lemerise, E. A. (2004). Aggression and Moral Development: Integration Social Information Processing and Moral Domain Models. Child Development, 2004, 75, 987-1002.
Baumrind, D. (1971). Current patterns of parental authority. Developmental Psychology Monograph, 4, 1-103.
Baumrind, D. (1991). The influence of parenting style on adolescent competence and substance use. Journal of Early Adolescence, 11, 56-95.
Baumrind, D. (1993). The average exeptable environment is not good enough: A response to Scarr. Child Development, 64, 1299-1317.
Bandura, A. (1977). Social learning theory. Englewood Cliffs, NJ: Prentice Hall.
Blasi, A. (1980). Briding moral cognition and moral action: A critical Review of the literature. Psychological Bulletin, 88, 1-45.
Blasi, A. (1983). Moral cognition and moral action. A theoretical perspective. Developmental Review, 3, 178-210.
Bögeholz, S. Hößle, C., Langlet, J. Sander, E. & Schlüter, K. (2004). Bewerten – Urteilen – Entscheiden im biologischen Kontext: Modelle in der Biologiedidaktik. Zeitschrift für Didaktik der Naturwissenschaften, 10, 88-114.

Cierpka, M. (2005). FAUSTLOS – Wie Kinder Konflikte gewaltfrei lösen lernen. Freiburg: Herder.
Colby, A. & Kohlberg, L. (1987). The measurement of moral judgment. Vol.1: Theoretical foundations and research validation. New York: Cambridge University Press.
Davidson, P., Turiel, E. & Black, A. (1983). The effect of stimulus familiarity on the use of criteria and justifications in children's social reasoning. British Journal of Developmental Psychology, 1, 49-65.
DeVries, R. & Zan, B. (1994). Moral classrooms, moral children: Creating a constructivist atmosphere in early education. New York: Teachers College Press.
Edelstein, W., Oser, F. & Schuster, P. (Hrsg.) (2001). Moralische Erziehung in der Schule: Entwicklungspsychologie und pädagogische Praxis. Weinheim: Beltz.
Fuhrer, U. (2005). Lehrbuch Erziehungspsychologie. Bern: Hans Huber.
Giesecke, H. (1998). Mehr Autorität für den Lehrer? Zeitschrift für politische Bildung, 35, 69-75.
Helwig, C.C., Tisak, M. & Turiel, E. (1990). Children's social reasoning in context. Child Development, 61, 2068-2078.
Hoffman, M. (1967). Parent Discipline and the child's moral development. Journal of Personality and Social Psychology, 5, 45-57.
Hoffman, M. (1983). Affective and cognitive processes in moral internalization. In E.T. Higginns, D. Ruble & W.W. Hartup (Hrsg.), Social cognition and social development: A sociocultural perspective (S. 236-274). New York: Cambridge University Press.
Hoppe-Graff, S. (1999). Erziehungsstile und Erziehungsprozesse: Eine Einführung in ausgewählte Teilbereiche der Pädagogischen Psychologie. In P.G. Zimbardo & R. J. Gerrig (Hrsg.), Psychologie (7. neu übers. und bearb. Aufl.) (S. 683-718). Berlin: Springer.
Hoppe-Graff, S., Latzko, B., Engel, I., Hesse, I., Mainka, A. & Waller, M. (1998). Lehrerautorität – aus der Sicht der Schüler. In N. Seibert (Hrsg.), Erziehungsschwierigkeiten im Unterricht. (S. 127-160). Bad Heilbrunn: Klinkhardt.
Kant, I. (1902ff.). Gesammelte Schriften. Herausgegeben von der Preußischen Akademie. Berlin: Reimer.
Kohlberg, L. (1984). Essays on moral development: Vol. 2. The psychology of moral development. The nature and validity of moral stages. San Francisco: Harper & Row.
Kohlberg, L. (1986). Der „Just-Comminity"-Ansatz der Moralerziehung in Theorie und Praxis. In F. Oser, R. Fatke & O. Höffe (Hrsg.),

Transformation und Entwicklung. Grundlagen der Moralerziehung (S. 21-55). Frankfurt a.M.: Suhrkamp.

Kohlberg, L. (1996). Die Psychologie der Moralentwicklung. Frankfurt a. M.: Suhrkamp.

Kultusministerkonferenz (2004). Standards für die Lehrerbildung: Bildungswissenschaften. Beschluss vom 16.12.2004. URL: http://www.kmk.org/doc/beschl/standards_lehrerbildung.pdf

Krettenauer, T. & Eichler, D. (in press). Adolescents' self-attributed emotions following a moral transgression: relations with delinquency, confidence in moral judgment, and age. British Journal of Developmental Psychology.

Krohne, H.W. (1988). Erziehungsstilforschung: Neuere theoretische Ansätze und empirische Befunde. Zeitschrift für Pädagogische Psychologie, 2, 157-172.

Latzko, B. (2001). Die Beurteilung sozialer Regeln durch Jugendliche in Abhängigkeit vom ökologischen Kontext – unter besonderer Berücksichtigung des Kontext Schule. URL:http://www. ub.uni-heidelberg.de/archiv/1593

Lukesch, H. (Hrsg.). (1975). Auswirkungen elterlicher Erziehungsstile. Göttingen: Hogrefe.

Lind, G. (2003). Moral ist lehrbar. Ein Handbuch zur Theorie und Praxis moralischer und demokratischer Bildung. München: Oldenbourg-Verlag.

Markie-Dadds, C., Sanders, M. & Turner, K.M. (2003). Das Triple P – Elternarbeitsbuch. Der Ratgeber zur Positiven Erziehung mit praktischen Übungen (3. veränd. Aufl.). PAG- Institut für Psychologie.

Matthäi[1], J. (2005). Was verstehen Jugendliche unter Autorität. Unveröffentlichte Magisterarbeit, Erziehungswissenschaftlichen Fakultät der Universität Leipzig.

Mayring, P. (2003). Qualitative Inhaltsanalyse. Grundlagen und Techniken (8. Aufl.) Weinheim: Beltz.

Miller, P. & Eisenberg, N. (1988). The relation of empathy to agressive and externalizing/antisocial behavior. Psychological Bulletin, 103, 324-344.

Montada, L. (1993). Moralische Gefühle. In W. Edelstein, G. Nunner-Winkler & G. Noam (Hrsg.) Moral und Person (S. 259-277). Frankfurt a.M.: Suhrkamp.

---

1 Ehemals Vanselow.

Montada, L. (2002). Moralische Entwicklung und moralische Sozialisation. In R. Oerter & L. Montada (Hrsg.), Entwicklungspsychologie ein Lehrbuch (5. neubearb. Aufl.) (S. 619 – 647). Weinheim: Beltz.

Nucci, L.P. (1981). Conceptions of personal issues: a domain distinct from moral and social concepts. Child Development, 52, 114-121.

Nucci, L.P. (1984). Evaluating teachers as social agents: Students' ratings of domain appropriate and domain-inappropriate teacher responses to transgressions. American Educational Research Journal, 21, 367-378.

Nucci, L.P. (1989). Challenging conventional wisdom about morality: The domain approach to values education. In L.P. Nucci (Hrsg.), Moral Development and Character Education: a dialogue (S. 183-203). Berkeley: McCutcheon.

Nucci, L.P. (1996). Morality and personal freedom. In E. Reed, E. Turiel & T. Brown (Hrsg.), Knowledge and values (S. 41-60). Hillsdale: LEA.

Nucci, L. P. (2001). Education in the moral domain. New York: Cambridge University Press.

Nucci, L.P. & Lee, J. (1993). Moral und personale Autonomie. In W. Edelstein, G. Nummer-Winkler & G. Noam (Hrsg.), Moral und Person (S. 69-103). Frankfurt a.M.: Suhrkamp.

Nucci, L.P. & Turiel, E. (1978). Social interactins and the development of social concepts in preschool children. Child Development, 49, 400-407.

Nunner-Winkler, G. & Sodian, B. (1988). Children's understanding of moral emotions. Child Development, 59, 1323-1338.

Oser, F. K. & Althof, W. (2001a). Moralische Selbstbestimmung. Modelle der Entwicklung und Erziehung im Wertebereiche. Ein Lehrbuch (4. Aufl.). Stuttgart: Klett-Cotta.

Oser, F. K. & Althof, W. (2001b). Die Gerechte Schulgemeinschaft: Lernen durch Gestaltung des Schullebens. In: W. Edelstein, F. Oser & P. Schuster (Hrsg.), Moralische Erziehung in der Schule. Entwicklungspsychologie und pädagogische Praxis (S. 233-268). Weinheim und Basel: Beltz Pädagogik.

Piaget, J. (1954). Das moralische Urteil beim Kinde. Zürich: Rascher.

Piaget, J. (1973). Das moralische Urteil beim Kinde. Frankfurt: Suhrkamp.

Piaget, J. (1976). Die Äquilibration der kognitiven Strukturen. Stuttgart: Klett.

Piaget, J. (1983a). Das moralische Urteil beim Kinde (2. veränd. Aufl.). Stuttgart: Klett-Cotta.

Piaget, J. (1983b/1932). Meine Theorie der geistigen Entwicklung. Frankfurt/M.: Fischer.

Rawls, J. (1994/1971). A theory of justice. Cambridge, Mass.: Havard University Press.

Reichwein, R. (1989). Autorität. In D. Lenzen (Hrsg.). Pädagogische Grundbegriffe. Bd.1. (S. 140-149). Reinbeck bei Hamburg: Rowohlts Enzyklopädie.

Rost, D. H. (1982) (Hrsg.). Erziehungspsychologie für die Grundschule. Bad Heilbrunn: Klinkhardt.

Rost, D. H. (1998). Pädagogische Verhaltensmodifikation. In D.H. Rost (Hrsg.) Handwörterbuch Pädagogische Psychologie (S. 387-546). Weinheim: Beltz.

Sanders, M. (1999). The Triple P-Positive Parenting program: Towards an empirically validated multilevel parenting and family support strategy for prevention and treatment of child behavior and emotional problems. Child and Familiy Psychology Review, 2, 71-90.

Schick, A. (2004). Faustlos – Inhalte, Implementation und Effektivität eines Gewaltpräventions-Curriculums. SchulVerwaltung spezial, 3, 22-24.

Shantz, C. U. (1982). Children's understanding of social rules and the social context. In F.C. Seraficia (Hrsg.), Social-cognitive development in context (S. 167-198). New York: Guliford Press.

Shweder, R. A., Turiel, E. & Much, N. C. (1981). The moral institutions of the child. In J.H. Flavell & L. Ross (Hrsg.), Social cognitive development (S. 288-305). New York: Cambridge University Press.

Skinner, B. F. (1967). Die Wissenschaft vom Lernen und die Kunst des Lehrerns. In F.E. Weinert (Hrsg.), Pädagogische Psychologie (S. 247 – 258). Köln: Kiepheuer & Witsch.

Smetana, J.G. (1988). Adolescents' and parents' conceptions of parental authority. Child Development, 59, 321-335.

Smetana, J.G. (1995). Parenting Styles and Conceptions of Parental Authority during Adolescence. Child Development, 66, 299-316.

Smetana, J. G. (1999). The role of parents in moral development: a social domain analysis. Journal of Moral Education, 28, 311-320.

Smetana, J.G. & Asquith, P. (1994). Adolescents and parents conceptions of parental authority and personal autonomy. Child development, 65, 1147-1162.

Smetana, J. G. & Bitz, B. (1996). Adolescents' conceptions of teachers' authority and their relations to rule violations in school. Child Development, 65, 1153 – 1172.

Smetana, J. G. & Daddis, C. (2002). Domain-specific antecedents of parental psychological control and monitoring: the role of parental beliefs and practices. Child Development, 73, 563-580.

Steinberg, L., Lamborn, S.D., Darling, N., Mounts, N.S. & Dornbusch, S.M. (1994). Over time changes in adjustment and competence among adolescents from authoritative authoritarian, indulgent, and neglectful families. Child Development, 65, 754-770.

Steinberg, L., Lamborn, S.D., Dornbusch, S.M. & Darling, N. (1992). Impact of parenting practices on adolescent achievement: Autoritative parenting, school involvement, and encouragement to succeed. Child Development, 63, 1266-1281.

Steinberg, L., Mounts, N.S., Lamborn, S.D. & Dornbusch, S.M. (1991). Authoritative parenting and adolescent adjustment across varied ecological niches. Journal of Adolescence, 1, 19-36.

Steiner, G. (2004). Lernen: 20 Szenarien aus dem Alltag (3. korr. Aufl.). Bern: Hans Huber

Tausch, R. & Tausch, A.-M. (1998/1963). Erziehungspsychologie. Begegnung von Person zu Person (11., korrigierte Auflage). Göttingen: Hogrefe.

Trautner, H.-M. (1997). Lehrbuch der Entwicklungspsychologie. Band 2: Theorien und Befunde (2. unveränd. Aufl.). Göttingen: Hogrefe.

Turiel, E. (1978). The devlopment of concepts of social structure: Social convention. In J. Glick & A. Clarke-Stewart (Hrsg.), The development of social understanding (S. 25–107). New York: Gardner Press.

Turiel, E. (1983). The development of social knowledge. Morality and convention. New York: Cambridge University Press.

Wentzel, K.R. (2002). Are effective teachers like good parents? Teaching styles and student adjustment in early adolescence. Child Development, 73, 287-301.

Weston, D. R. & Turiel, E. (1980). Act-rule relations: children's concepts of social rules. Developmental Psychology, 16, 417-424.

Zimbardo, P.G. & Gerrig, R.J. (2005) (Hrsg.). Psychologie (16. aktualisierte Aufl.). München: Pearson Studium.

Anhang

Anhang 1: Auszüge aus den Standards für die Lehrerbildung: Bildungswissenschaften

Die formulierten Standards in der Lehrerbildung beschreiben Anforderungen an das Handeln von Lehrkräften und beziehen sich auf Kompetenzen, d.h. auf Fähigkeiten, Fertigkeiten und Einstellungen. Tabelle A1 gibt einen Originalauszug aus dem Kompetenzbereich Erziehen wider, der die Erziehungsaufgabe von Lehrerinnen und Lehrern in den Kompetenzen 4, 5 und 6 konkretisiert.

Tab. A1: Auszüge aus dem Kompetenzbereich Erziehen.

Kompetenz 5: Lehrerinnen und Lehrer vermitteln Werte und Normen und unterstützen Selbstbestimmtes Urteilen und Handeln von Schülerinnen und Schülern.	
Standards für die theoretische Ausbildungsabschnitte	Standards für die praktischen Ausbildungsabschnitte
Die Absolventinnen und Absolventen	Die Absolventinnen und Absolventen
– wissen, wie man wertbewusste Haltungen und selbstbestimmtes Urteilen und Handeln von Schülerinnen und Schülern fördert	– üben mit den Schülerinnen und Schülern eigenverantwortliches Urteilen und Handeln schrittweise ein.

Quelle: Kultusministerkonferenz, 2004. Standards für die Lehrerbildung: Bildungswissenschaften. Beschluss vom 16.12.2004. URL: http://www.kmk.org/doc/beschl/standards_lehrerbildung.pdf

Anhang 2: Die Geschichten von den zerbrochenen Tassen nach Piaget

Beispiel eines Geschichtenpaars von Piaget (1983), das zur Analyse der Urteilsdimensionen Gut und Böse, Handlungsabsicht und -konsequenz eingesetzt wird.

„I. A. Ein kleiner Junge namens Hans ist in seinem Zimmer. Man ruft ihn zum Essen. Er geht ins Speisezimmer. Aber hinter der Tür stand ein Stuhl. Auf dem Stuhl war ein Tablett, und auf dem Tablett standen fünfzehn Tassen. Hans konnte nicht wissen, daß all dies hinter der Tür war. Er tritt ein: die Tür stößt an das Tablett und bums!, die fünfzehn Tassen sind zerbrochen." (S. 150)

„I. B. Es war einmal ein kleiner Junge, der hieß Heinz. Eines Tages war seine Mama nicht da und er wollte Marmelade aus dem Schrank nehmen. Er stieg auf einen Stuhl und streckte den Arm aus. Aber die Marmelade war zu hoch und er konnte nicht daran kommen. Als er doch versuchte, daran zu kommen, stieß er an eine Tasse. Die Tasse ist herunter gefallen und zerbrochen." (S. 150)

Nachdem in Anschluss an die Geschichten durch Nachfragen das Textverständnis sichergestellt wurde, sollten die Kinder begründen, ob Hans oder Heinz schlimmer war.

Anhang 3: Das Heinz-Dilemma nach Kohlberg

Eine todkranke Frau leidet an einer besonderen Krebsart. Es gibt ein Medikament, das nach Ansicht der Ärzte ihr Leben hätte retten könnte. Ein Apotheker der Stadt hat es kurz zuvor entdeckt. Das Medikament war teuer in der Herstellung, der Apotheker verlangte jedoch ein Vielfaches seiner eigenen Kosten. Heinz, der Ehemann der kranken Frau, borgt von allen Bekannten Geld, bringt aber nur die Hälfte des Preises zusammen. Er versucht mit dem Apotheker zu verhandeln, erzählt, dass seine Frau im Sterben liegt und bittet, den Rest später bezahlen zu dürfen. Der Apotheker weist Heinz mit dem Argument zurück, dass er viel Arbeit investiert und das Recht habe, einen Gewinn zu erzielen. Völlig verzweifelt überlegt Heinz, ob er in die Apotheke einbrechen und das Medikament für seine Frau stehlen soll.

Nach Vorgabe des Dilemmas wird gefragt, ob Heinz das Medikament stehlen soll oder nicht. Die Entscheidung soll begründet werden.

Anhang 4: Entwicklungsabfolge in den Domänen Konvention und Persönliche Angelegenheit

Entwicklung sozial konventioneller Überzeugungen (Turiel, 1978):

Stufe 1: Konvention als Ausdruck gesellschaftlicher Regelmäßigkeit (6 J.-7 J.)
Stufe 2: Negation der Konvention als Ausdruck gesellschaftlicher Regelmäßigkeit (8 J.-9 J.)
Stufe 3: Konvention als Bejahung des Systems von Regeln (10 J.-11 J.)
Stufe 4: Negation der Konvention als Teil des Systems von Regeln (12 J.-13 J.)
Stufe 5: Konvention als vermittelt durch das Sozialsystem (14 J.-16 J.)
Stufe 6: Negation der Konvention als gesellschaftliche Forderung (17 J.-18 J.)
Stufe 7: Konvention als Koordination sozialer Interaktion (18 J.-25 J.)

Entwicklung der Auffassung von der Domäne Persönliche Angelegenheit (Nucci & Lee, 1993):

− Der eigene Körper sowie konkrete Dinge und Aktivitäten konzipieren die Domäne Persönliche Angelegenheit.
− Charakteristische Verhaltensweisen, die durch den Vergleich mit der Gruppe herausgebildet werden konzipieren die Domäne Persönliche Angelegenheit.
− Ideen und Werte als interne kognitive Prozesse konzipieren die Domäne Persönliche Angelegenheit.
− Ein unveränderbarer Wesenskern, um den herum das Selbstsystem aufgebaut ist, und der als ein internes Ganzes die Koordi-

nation des Selbstsystems gewährleistet, konzipiert die Domäne Persönliche Angelegenheit.
- Ein Selbst als ein sich entwickelndes Produkt der eigenen persönlichen Entscheidungen konzipiert die Domäne Persönliche Angelegenheit.

Anhang 5: Begründungsbeispiele zur Akzeptanz von Autoritätspersonen durch Jugendliche

Tab. A5.1: Begründungen für die Akzeptanz von Lehrkräften als Autoritätspersonen

Begründung
Diese Personen sind älter.
Jeder Lehrer ist in Lebenserfahrung überlegen.
In Intellekt überlegen.
Kann sie um Rat bitten, wenn ich Hilfe brauche.
Sind für mich etwas höher gestellt.
Ich erkenne keinen lebenden Menschen als mir überlegen an, es gibt Menschen, die ich bewundere, doch Befehle nehme ich nur entgegen, um Schwierigkeiten aus dem Weg zu gehen.
Ich kann sie um Rat in wichtigen Angelegenheiten fragen.
Da sie einem sagen können, was man zu tun oder zu lassen hat.
Da er sich gegen Störenfriede der Klasse durchsetzen kann.
Weil ich Respekt vor ihrer Art den Unterricht zu führen habe.
Ich respektiere sie, weil es mir zu Gunsten kommt.
Weil ich normalerweise tue, was sie sagen und mich dadurch beeinflussen lasse.
Leute vor denen ich Respekt habe.
Personen, die in der zu klärenden Angelegenheit mehr Ahnung haben als ich.
Da es mir nur Negatives einbringt, mich gegen sie aufzulehnen und ich von ihrem Wohlwollen abhänge.

Da man von ihnen lernen will und deshalb hört man auf das, was sie sagen.

Weil ich sie bewundere.

Vor Lehrern habe ich immer genug Respekt, da es der Höflichkeit entspricht.

Habe teilweise fast Angst vor manchen Lehrern, die ich sehr streng und ungerecht finde.

Weil er gerecht ist und weil er objektiv zu werten versucht.

Weil er konsequent ist.

Weil dies die Personen sind, die mich zu dem gemacht haben, was ich bin.

Menschen die mir vorschreiben, was ich tun darf.

Weil sie bei Nichteinhaltung der Regeln bestrafen.

Sie sind wichtig für meinen Lebensweg.

Grundsätzlich sind Autoritätspersonen in meinem Leben Menschen, die ich bewundere, ob ihres Charakters oder dessen, was sie erreicht haben.

Tab. A5.2: Begründungen für die Akzeptanz von Eltern als Autoritätspersonen

Begründung
Tut viel für mich.
Meist sind sie auch Vertrauenspersonen.
Bringt mir Grundlagen für mein weiteres Leben bei.
Sie begleitet seit meiner Geburt mein Leben und wird immer Ansprechpartner sein.
Ich weiß, dass sie Recht hat.
Da sie entscheiden, wie es in unserem Familienalltag abläuft.
Da er die meiste Macht über mich hat.
Findet den richtigen Weg zwischen Strenge und Spaß.
Man kann mit ihnen über Probleme reden und somit vertraut man ihnen.
Die tollsten Menschen der Welt, auf die ich mich immer verlassen kann.
Da sie mir viel Freiraum lassen.
Weil Erziehung ohne Autorität sinnlos wäre.
Müssen laut Gesetz auf mich aufpassen.
Ich respektiere sie, weil ich sie mag.
Nehmen mich so wie ich bin.
Wollen mich fördern und mich nicht irgendwohin drängen.
Ich vertraue und glaube ihnen.
Sie sind weder streng noch hart.
Ich kann mich auch mit ihnen streiten.
Haben mich großgezogen.
Ich habe viel Zeit von ihnen beansprucht.

Anhang 6: Beurteilung des Regelübertritts „die Lehrkraft belügen" durch Lehrkräfte

Tab. A6: Kernaussagen der Lehrkräfte zum Regelübertritt „die Lehrkraft belügen".

	Ist es in Ordnung, dass Schüler/innen Sie belügen?	Warum/Warum nicht?	Sehen Sie sich in der Pflicht zu verlangen, dass Schüler/innen nicht lügen?	Haben Sie mit ihren Schüler/innen schon einmal ausdrücklich über das Lügen gesprochen?
1	Nein.	Offenbart Fehler von Seiten der Lehrkraft und damit verletzte Vertrauensbasis.	Ja (Lehrkraft als Wertevermittler)	Nein
2	Nicht in Ordnung – außer eine Notlüge.	Absoluter Vertrauensmissbrauch.	Ich verlange es nie – das ist eine Gewissensfrage/Vertrauenssache.	Nein, nicht direkt.
3	Es ist für mich kein Drama.	Problem liegt weniger bei den Schüler/innen als in der Gesellschaft begründet.	Dem Gesetz nach ja! Ich fühle mich dazu nicht verpflichtet.	Ja – in der Oberstufe bezüglich der von den Schüler/innen angegeben Gründen bei Fehlen.
4	In Ordnung sicher nicht. Aber ich könnte mir schon Situationen vorstellen, in denen Schüler/innen lügen (Familiäre Probleme, Hausaufgaben nicht gemacht).	Weil ich generell der Meinung bin, dass man ehrlich sein soll.	Ich habe die Pflicht zur Ehrlichkeit zu erziehen und damit auch zu verlangen, dass sie ehrlich zu mir sind.	Ausdrücklich nicht.
5	Lügen ist absolut indiskutabel.	„Du sollst nicht lügen", sagt eines der zehn Gebote.	Ob man diese Pflicht mitteilen muss, ich glaube nein. Gesellschaftliche Grundvereinbarungen brauche ich nicht mitzuteilen.	Also direkt nicht, aber Grundmeinung geht in den Unterricht ein.

6	Das wäre für mich nicht in Ordnung.	Ich sehe überhaupt keinen Grund, warum man das machen soll.	Wenn ich etwas frage, was amtlich relevant ist, dann ja. Ausreden bei Hausaufgaben beispielsweise sind nicht beweisbar und dann lohnt sich jeder Streit nicht.	Nein, noch nie, weil es praktisch noch nie ein Anlass war.
7	Es ist für mich nicht in Ordnung.	Ich versuche ein Verhältnis herzustellen, bei dem Schüler/innen nicht lügen müssen.	Ich finde man hat die Pflicht, eine Situation herzustellen, in der Lügen gar nicht nötig ist.	Kann ich mich nicht erinnern, dass ich das in der Klasse thematisiert habe.
8	Nein.	Ich bin, denke ich, auch aufgeschlossen, wenn Probleme anstehen.	Ja.	Nein.
9	Nein.	Es kann natürlich etwas sein im Privatbereich des Schülers, was zu outen so viel schlimmer wäre, als mir eine kleine Notlüge zuzumuten.	Ja eigentlich schon.	Insofern schon mal besprochen, als dass ich immer sage: Ich bin nicht dazu da, um euch schlechter zu machen als ihr seid. Aber ich kann nur das anschauen, was ihr mir liefert.
10	Das muss man im Einzelfall abwägen.	Weil ich ein aufrichtiger Mensch bin und ich habe gerade heute wieder gesagt, wie wollt ihr später einmal als Eltern oder im Arbeitsprozess dem anderen begegnen.	Da kann man das Gute von der Welt einklagen.	Ich habe das nie thematisiert.
11	In Ordnung nicht, aber ab und zu kleine Notlügen wären okay.	–	Ich glaube nein. Erstens mal kann ich es gar nicht belegen, ob es nun wirklich eine Lüge gewesen ist, oder ob es die Wahrheit ist. Vielleicht habe ich das Recht, die Wahrheit zu erfahren.	Die kennen da meine ehrliche Position.

12	Nein.	Zerstört Vertrauen.	Ja.	Nein.
13	Nee, das ist prinzipiell nicht okay.	–	Ich finde, dass es nicht die Pflicht, sondern dass es ein wesentliches Anliegen des Staates und der erziehenden Generation sein müsste, dass man die Kinder zu einem gewissen Anstand bringt.	Nein.
14	Lügen: Oh nein.	Flunkern, harmlose Sachen passieren laufend, aber das ist ja nicht tragisch.	Ja, dass nicht gelogen wird, das ist ein moralisches Prinzip.	Nein.
15	Nein. Das wissen meine Schüler/innen auch.	Weil ich sie auch nicht anlüge.	Ja von meinem Lehrerverständnis her schon.	Nein.

Anhang 7: Protokollbogen zur Beobachtung von Überschreitungssituationen im Alltag

Beobachtung von Überschreitungen im Alltag

Protokollbogen Überschreitungssituation

Bitte führen Sie in der kommenden Woche Beobachtungen von Überschreitungssituationen durch. Wählen Sie ein Kind aus und beobachten Regelübertritte dieses Kindes und Ihre Reaktion darauf. Notieren Sie die Beobachtungen mit Hilfe des angefügten Protokollbogens. Bitte gehen Sie dabei nach folgendem Schema vor:

Alter des Kindes:
Geschlecht des Kindes:

1. Notieren Sie im Kopf des Bogens Alter und Geschlecht des Kindes.

2. Notieren Sie unter „Kontext" kurz, wann bzw. wo Sie den Übertritt beobachtet haben (bspw. Datum, Tageszeit, im Hof, beim Essen, in der Pause, während dem Unterricht, im Klassenzimmer, auf dem Gang usw.).

Kontext:

3. Notieren Sie unter „Überschreitung", um welchen Regelübertritt es sich handelt. Beschreiben Sie kurz, was das Kind gemacht hat.

Überschreitung:

4. Notieren Sie unter „Meine Reaktion", Ihre Reaktion auf das Verhalten des Kindes. Falls Sie dem Übertritt keine Beachtung geschenkt haben, bzw. nicht reagiert haben, zeigen Sie das bitte durch einen entsprechenden Vermerk.

Meine Reaktion:

5. Notieren Sie unter „Reaktion des Kindes", ob und wie das Kind Ihre Reaktion beantwortet hat.

Reaktion des Kindes:

Führen Sie die Protokollierung in dieser Weise bis zum Ende der Situation weiter.

6. Notieren Sie unter „Ende der Situation", wie die Situation beendet wurde.

Ende der Situation:

Anmerkung: Je nach Ziel der Beobachtung werden folgende Fragen aufgenommen: Welches Verhalten möchte ich abbauen? Welches Verhalten wünsche ich mir?

Anhang 8: Auszüge aus den Beobachtungsprotokollen von Lehrkräften der Grundschule

Tab. A8: Von Lehrkräften beobachtete Regelübertritte und deren Domänenzuordnung

Regelübertritt	Reaktion Lehrkraft	Reaktion Kind	Ende der Situation	Domäne nach Turiel
– zu spät zum Unterricht kommen, ohne Entschuldigung	– noch einmal vor die Tür geschickt mit dem Hinweis, dass er etwas vergessen hat	– kommt rein und will sich gleich setzen; bekommt gesagt, er solle sich entschuldigen	– Schüler kommt wieder herein, entschuldigt sich und erklärt, warum er zu spät kommt	Konvention
– Schwänzen von Förderunterricht	– sprach Schüler am nächsten Morgen darauf hin an; Erklärung, wie wichtig Förderunterricht für ihn sei	– erklärte, dass er keine Lust darauf hatte	– Schüler verspricht, nicht ohne Abmeldung vom Förderunterricht fern zu bleiben – Lehrkraft weist darauf hin, dass Schüler mit Eltern sprechen soll	Konvention
– lautes Stören im Unterricht bei Partnerarbeit	1. Blickkontakt, 2. Ermahnung, 3. Androhung Partnerwechsel, 4. Partnerwechsel	– nach Ermahnung nur kurzfristig leise; leise erst nach Durchführung des angedrohten Partnerwechsels	– der Schüler arbeitete mit neuem Partner leise	Konvention

Regelübertritt	Reaktion Lehrkraft	Reaktion Kind	Ende der Situation	Domäne nach Turiel
– Arbeitsverweigerung in Mathematik	1. positive Rückmeldung an die anderen Schüler 2. Ankündigung e. Belohnung, wenn fleißig gearbeitet wird 3. Schüler Erlaubnis erteilt, ein Spiel zu nehmen, obwohl er nicht gearbeitet hat (inkonsequent)	1. nicht beachtet 2. Spiel genommen 3. konzentriert beim Spiel	– (keine Angabe)	Konvention
– Ständiges Anschwärzen anderer Schüler beim Lehrer	1. ignoriert 2. aufgefordert, untereinander zu klären	1. beleidigt 2. lautstark mit Banknachbarin geklärt > Störung 3. erneutes Beschweren	– (keine Angabe)	Konvention
– Fußball spielen auf Schulhof	– Ermahnung (ohne Begründung)	– spielte weiter	– Schüler musste Ball abgeben (gefolgt von e. bösen Blick)	Konvention
– Fehlendes Aufpassen im Unterricht	– Angetippt, gezeigt, wo weiter – erklärt, dass er nicht aufgepasst habe und somit keine Hilfe erwarten kann	– Kurz aufmerksam, dann wieder geträumt – Kind kommt bei schriftlicher Arbeit nicht mehr mit; sagt, dass es zu schnell geht	– Kind arbeitet selbstständig weiter	Konvention

Regelübertritt	Reaktion Lehrkraft	Reaktion Kind	Ende der Situation	Domäne nach Turiel
– Prügeln	– erfragte den Grund – „du sollst nicht…"-Sätze (ohne Begründung)	– Erklärung des Schülers, warum er Partei ergriffen hat	– gegenseitiges Entschuldigen	Moral
– Klassenzimmer unaufgeräumt, Sachen für Unterricht nicht ausgepackt – frecher Schüler sagt „Immer müssen Lehrer meckern."	1. erfragte Grund 2. Androhung, dass es das nächste Mal den Eltern mitgeteilt wird	1. trotzige Antwort: „weil es so ist" 2. immer noch trotzige Antwort	– An diesem Tag war der Schüler nicht mehr frech	Konvention und Moral
– Wirft Ball einem anderen Schüler ins Gesicht	– geschimpft – „Du sollst…"-Sätze (ohne Begründung)	– Ist sich keiner Schuld bewusst	– (keine Angabe)	Moral
– Klettern auf Eingangstor während Hofpause	– Hinweis auf Verletzungsgefahr und früherem Unfall	– schloss Tor und ging spielen	– (keine Angabe)	Konvention
– Kind packt nach Pausenklingeln Sachen ein, obwohl Lehrkraft noch nicht beendet hat	– Hinweis, dass Lehrkraft Stunde beendet, nicht Schüler	– orientiert sich an den anderen	– packt wieder Sachen aus	Konvention
– Mit Fäusten auf Tonne geschlagen	1. Aufforderung, aufzuhören 2. nochmalige Aufforderung	1. Kind antwortet mit nein 2. hörte damit auf	– suchte sich etwas neues zum Zerstören	Konvention

UTB-Lehrbücher beim Verlag Barbara Budrich

In der UTB erscheinen Einführungen und Grundlegungen, die sich ausgezeichnet für Studium und Lehre an der Hochschule eignen. Durch die besonders strukturierte Aufbereitung der Inhalte und die gute Lesbarkeit eignen sich die Bände auch für Interessierte, die eine Einstiegshilfe für die jeweilige Thematik suchen.
Unter erscheint im Verlag Barbara Budrich die UTB-Lehrbuchreihe:

**Einführungstexte Erziehungswissenschaft
herausgegeben von Prof. Dr. Heinz-Hermann Krüger**

Die Reihe ist so konzipiert, dass sie Studierenden in erziehungswissenschaftlichen Hauptfachstudiengängen an Universitäten und Fachhochschulen im Grundstudium sowie Lehramtsstudierenden eine Einführung in Geschichte, Grundbegriffe, theoretische Ansätze, Forschungsergebnisse, Institutionen, Arbeitsfelder, Berufsperspektiven und Studienorte der Pädagogik/Erziehungswissenschaften sowie der verschiedenen Studienschwerpunkte und Fachrichtungen gibt. Die einzelnen Bände sind so strukturiert, dass sie sich als Grundlagentexte für einführende Lehrveranstaltungen eignen. In der Reihe erscheinen z.B. folgende Bände:

Band 4:
Jürgen Wittpoth: Einführung in die Erwachsenenbildung
UTB L. 2., aktualisierte Auflage 2006. 224 S. Kart.
UTB-ISBN 3-8252-8244-9
Die Einführung vermittelt die zentralen Aspekte der Erwachsenenbildung und hilft, Positionen und Ansätze zu verstehen und einzuordnen. Nun in zweiter, aktualisierter Auflage.

Band 6:
Rolf Arnold/ Philipp Gonon:
Einführung in die Berufspädagogik
UTB L. 2006. 252 S. Kart.
UTB-ISBN 3-8252-8280-5
Das Buch führt in den Diskussionsstand der modernen Berufspädagogik ein, stellt dabei zugleich ihre traditionellen Begrifflichkeiten sowie historischen Leitstudien und Leitkonzepte dar.

Band 7:
Elke Wild/ Judith Gerber
Einführung in die Pädagogische Psychologie
UTB L. 2006. 224 S. Kart.
UTB-ISBN 3-8252-8327
Das Buch gibt einen Einblick in die Forschungsgebiete der Pädagogischen Psychologie. Studierenden der Pädagogik, Sonderpädagogik und Sozialwissenschaften wird gezeigt, wo pädagogisch-psychologisches Fachwissen Anwendung findet.

Band 9:
Ingrid Gogolin/ Marianne Krüger-Potratz
Einführung in die Interkulturelle Pädagogik
UTB L. 2006. 262 S. Kart.
UTB-ISBN 3-8252-8246-5
Das Buch bietet einen Überblick über das Aufgabengebiet der Interkulturellen Pädagogik in Deutschland als Einwanderungsland.

Weitere Bände und Neuauflagen in Vorbereitung.

„Ein Buch, das unsere Menschlichkeit anrührt, unser Mitgefühl und unseren Anstand." Desmond Tutu

Pumla Gobodo-Madikizela
Das Erbe der Apartheid
Trauma, Erinnerung, Versöhnung
Mit einem Vorwort von Nelson Mandela. Nachwort von Jörn Rüsen. Aus dem Englischen von Barbara Budrich. 2006. 224 Seiten. Kart. 14,90 € (D)
ISBN 3-86649-025-9

In ihrem Buch erzählt die schwarze Psychologin, Mitglied der südafrikanischen Wahrheits- und Versöhnungskommission, von ihren Begegnungen mit einem der obersten Killer der Geheimpolizei im Südafrika der Apartheid, Eugene de Kock. Die Autorin traf ihn im Hochsicherheitstrakt des Gefängnisses von Pretoria, wo er eine 212-jährige Haftstrafe für seine Verbrechen absitzt. Beim Lesen können wir nachvollziehen, wie die Autorin hin- und hergerissen wird zwischen dem Wunsch, einen Schuldigen zu finden, Verantwortung für all das Leid und die Verbrechen, die im Namen der Apartheid verübt wurden, zu übertragen und dem Impuls einem Menschen zu vergeben, der bereut.

Eine Psychologin von überragender moralischer Intelligenz und Klarheit...
TIME

Pumla Gobodo-Madikizela, Klinische Psychologin, Mitglied der Wahrheits- und Versöhnungskommission Südafrikas. Zahlreiche internationale Vorträge zu Fragen der Versöhnung. Lebt in Südafrika.

In Ihrer Buchhandlung oder direkt bei

Verlag **Barbara Budrich**
Barbara Budrich Publishers

Stauffenbergstr. 7. D-51379 Leverkusen Opladen
Tel +49 (0)2171.344.594 • Fax +49 (0)2171.344.693 • info@budrich-verlag.de
US-office: Uschi Golden • 28347 Ridgebrook • Farmington Hills, MI 48334 • USA •
ph +1.248.488.9215 • info@barbara-budrich.net • www.barbara-budrich.net

www.budrich-verlag.de

Mehr zum Thema „Elternbildung"

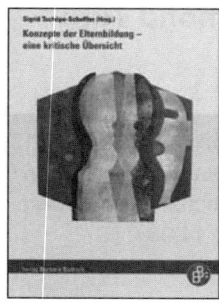

Sigrid Tschöpe-Scheffler (Hrsg.)
Konzepte der Elternbildung –
eine kritische Übersicht
2005. 344 S. Kt.
24,90 € (D), 25,60 € (A)
ISBN 3-938094-21-4

Um mehr Klarheit über die verschiedenen Menschenbilder, Methoden und Ziele dieser Angebote zu bekommen, werden in diesem Buch aktuelle bekanntere Elternbildungsprogramme ebenso vorgestellt wie neuere Konzepte, die u.a. mit bestimmten Zielgruppen arbeiten oder deren Angebote besonders niedrigschwellig bzw. im Rahmen von Erziehungspartnerschaften zwischen Eltern und ErzieherInnen/LehrerInnen entstanden sind.

„Exzellente Grundlage"
Systhema

Johannes Schopp
Eltern stärken –
Dialogische Elternseminare
Ein Leitfaden für die Praxis
Mit einem Vorwort von Sigrid Tschöpe-Scheffler
2., überarbeitete Auflage 2006
268 S. Kt. 18,80 €, 19,40 € (A)
ISBN 3-86649-036-4

Was brauchen Eltern heute, um den Herausforderungen im Zusammenleben mit ihren Kindern gewachsen zu sein? Der Autor entwirft in diesem Buch über eine Pädagogik des Dialogs Schritte für eine neue Erziehungs- und Lernkultur.

„Ein Buch das anregt"
Systhema

Verlag Barbara Budrich
Barbara Budrich Publishers
Stauffenbergstr. 7. D-51379 Leverkusen Opladen
Tel +49 (0)2171.344.594 • Fax +49 (0)2171.344.693 • info@budrich-verlag.de
28347 Ridgebrook • Farmington Hills, MI 48334 • USA • info@barbara-budrich.net

www.budrich-verlag.de • www.barbara-budrich.net